CONFRONTO FINAL

Coordenadora editorial: Tânia Lins
Coordenador de comunicação: Marcio Lipari
Capa, diagramação e projeto gráfico: Equipe Vida & Consciência
Preparação: Janaina Calaça
Revisão: Equipe Vida & Consciência

1ª edição — 1ª impressão
2.000 exemplares — março 2023
Tiragem total: 2.000 exemplares

**CIP-BRASIL — CATALOGAÇÃO NA PUBLICAÇÃO
(SINDICATO NACIONAL DOS EDITORES DE LIVROS, RJ)**

J58c

Joaquim (Espírito)
Confronto final / Thiago Trindade ; pelo espírito Joaquim. - 1. ed., reimpr. - São Paulo : Vida & Consciência, 2023.
256 p. ; 23 cm.

ISBN 978-65-88599-69-3

1. Romance espírita. 2. Obras psicografadas. I. Título.

23-82240 CDD: 808.8037
CDU: 82-97:133.9

Este livro adota as regras do novo acordo ortográfico (2009).

Vida & Consciência Editora e Distribuidora Ltda.
Rua das Oiticicas, 75 – Parque Jabaquara – São Paulo – SP – Brasil
CEP 04346-090
editora@vidaeconsciencia.com.br
www.vidaeconsciencia.com.br

CONFRONTO FINAL

THIAGO TRINDADE

Romance pelo espírito Joaquim

Dedico esta obra a todos os trabalhadores reencarnados e desencarnados comprometidos com o BEM, em especial o Grupo de Estudos Espíritas Fé em Alvorada, Seropédica/RJ; o Centro Espírita Pai Congo de Cambinda, Paracambi/RJ; e a União São Lázaro Brasil/Corpo São Lázaro Internacional – CSLI.

PREFÁCIO

Muito me honra o convite do confrade Thiago Dias Trindade para prefaciar seu livro *Confronto final*, de autoria mediúnica do espírito Joaquim.

Conheci Thiago em um evento lindo e importante, uma feira de livros espíritas coordenada pela amiga Lúcia Gomes, da Livraria Girassol, na cidade de Volta Redonda (RJ), e devo confessar que sua postura e eloquência logo me chamaram a atenção, assim como a de todos os presentes.

O jovem dinâmico e participativo nos encantou com seu conhecimento doutrinário por meio de instrutiva palestra e, no dia seguinte, tivemos ainda a oportunidade de estudar juntos na companhia prazerosa de outros companheiros da feira, que, unindo o útil ao agradável, estudavam enquanto trabalhavam e divulgavam a doutrina espírita através de livros maravilhosos.

Passado o evento, tivemos a oportunidade de trocar mais algumas experiências dentro do estudo e da divulgação doutrinária e de conversar um pouco mais. Fiquei sabendo que Thiago, além de professor, era também escritor e poeta e que já havia publicado alguns livros, não só espíritas, mas também educacionais.

Pelas redes sociais, também acompanhei o trabalho dele também em algumas *lives* de esclarecimento sobre o estudo da doutrina, fato que me deixou muito feliz, observando seu nobre esforço de divulgar o bem, usando todos os meios de que dispõe.

O livro realmente me encantou desde as primeiras linhas até o último parágrafo, e não tenho dúvida de que encantará também a todos os leitores.

Levando o leitor ao início da década de 1970, no Rio de Janeiro, o autor faz uma reviravolta histórica, revelando mistérios da mediunidade e desobsessão, até chegar às Terras Altas da Escócia, no ano de 1746, quando toda essa história de amor e ódio tem seu início.

A obra fala de amor e perdão, de incessantes recomeços, da necessidade da vivência do Evangelho de Jesus nos relacionamentos, da importância da reforma íntima e da perseverança no bem, nos caminhos do Cristo, além da importância do estudo e da prática da nossa amada doutrina espírita.

Só me resta desejar ao autor e médium muito sucesso em seu caminho, ao levar esclarecimento por meio da literatura, da psicografia, e acredito que os frutos desse trabalho trarão também uma grande revolução ao nosso espírito e ao espírito de todos os leitores que tiverem em suas mãos tão interessante obra!

Uma obra para inspirar e comover o leitor.

Fátima Moura

Outubro de 2020

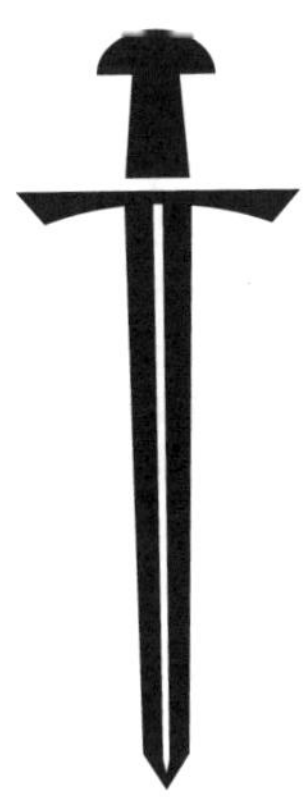

Sumário

CAPÍTULO UM 15
CAPÍTULO DOIS 19
CAPÍTULO TRÊS 26
CAPÍTULO QUATRO 30
CAPÍTULO CINCO 33
CAPÍTULO SEIS 37
CAPÍTULO SETE 42
CAPÍTULO OITO 48
CAPÍTULO NOVE 52
CAPÍTULO DEZ 57
CAPÍTULO ONZE 64
CAPÍTULO DOZE 72
CAPÍTULO TREZE 76
CAPÍTULO QUATORZE 81
CAPÍTULO QUINZE 85

CAPÍTULO DEZESSEIS 88
CAPÍTULO DEZESSETE 93
CAPÍTULO DEZOITO 98
CAPÍTULO DEZENOVE 102
CAPÍTULO VINTE 107
CAPÍTULO VINTE E UM 111
CAPÍTULO VINTE E DOIS 116
CAPÍTULO VINTE E TRÊS 123
CAPÍTULO VINTE E QUATRO 127
CAPÍTULO VINTE E CINCO 130
CAPÍTULO VINTE E SEIS 135
CAPÍTULO VINTE E SETE 139
CAPÍTULO VINTE E OITO 144
CAPÍTULO VINTE E NOVE 149
CAPÍTULO TRINTA 154
CAPÍTULO TRINTA E UM 159

CAPÍTULO TRINTA E DOIS 163
CAPÍTULO TRINTA E TRÊS 170
CAPÍTULO TRINTA E QUATRO 176
CAPÍTULO TRINTA E CINCO 179
CAPÍTULO TRINTA E SEIS 187
CAPÍTULO TRINTA E SETE 192
CAPÍTULO TRINTA E OITO 196
CAPÍTULO TRINTA E NOVE 200
CAPÍTULO QUARENTA 205
CAPÍTULO QUARENTA E UM 217
CAPÍTULO QUARENTA E DOIS 222
CAPÍTULO QUARENTA E TRÊS 227
CAPÍTULO QUARENTA E QUATRO 231
CAPÍTULO QUARENTA E CINCO 234
CAPÍTULO QUARENTA E SEIS 237
CAPÍTULO QUARENTA E SETE 241
CAPÍTULO QUARENTA E OITO 245

CAPÍTULO UM

Rio de Janeiro, 1971.

Seus passos, rápidos e trôpegos, iam sem rumo. A madrugada ia alta, e a lua já havia abandonado o alto do céu invernal do Rio de Janeiro. Vozes ameaçadoras, terríveis, ecoavam na mente de Lúcia, cujos olhos amedrontados divisavam vultos mais escuros que as sombras projetadas fracamente pelos postes da estrada que cortava a Floresta da Tijuca na direção do Recreio dos Bandeirantes.

A jovem de dezessete anos não sentia o frio de julho penetrando em seu corpo magro. Aterrorizada, corria no meio da estrada, com a luz do luar aparecendo vez ou outra por entre os galhos das árvores que margeavam a estrada.

— Assassina! — as vozes gritavam para Lúcia. — Monstro! Assassina de crianças! Violadora!

Com as mãos tampando os ouvidos, Lúcia tropeçou e caiu, esfolando os joelhos. Atormentada, a jovem percebeu que estava perto de uma ribanceira extremamente íngreme. Ela não viu o fundo daquele abismo por conta da ausência de luz. Desejando dar um fim ao sofrimento que tinha desde a infância e que se tornara insuportável na adolescência,

Lúcia subiu no estreito parapeito de concreto, já surrado por inúmeros acidentes automobilísticos, resolvida a dar cabo de sua existência.

Seu vestido esvoaçou ao sabor da brisa fria, em cadência com seus cabelos escuros e encaracolados. Filetes de sangue escorriam pelos joelhos feridos. Tremendo violentamente, a jovem contemplou novamente a escuridão abaixo de si. Em sua mente, as vozes gritavam ainda mais, estimulando Lúcia a lançar-se nas trevas fatais. Um som estridente, como uma velha gaita de fole semelhante as que havia na Escócia, ecoou pelo lugar. Subitamente, no momento que a jovem voltou seus olhos para o céu, fez-se silêncio.

— Minha jovem — disse uma voz masculina, suave e grave —, você poderia descer daí, por favor? Descer para o lado da estrada, aliás.

Os olhos castanhos da jovem atormentada viraram-se e divisaram um homem ao seu lado a cerca de dois metros de distância. Era baixo e negro. O rosto amigável daquele estranho andarilho possuía grandes marcas e uma barba rala e grisalha nas laterais.

— Menina — disse o estranho —, desça daí. Pular nas trevas só vai piorar sua vida. Se não resolveu antes, por que pular novamente?

— Vá embora, velho! — gritou Lúcia, embora, estranhamente, não sentisse perigo naquele homem. — Suma daqui!

— As vozes que você ouve silenciaram, não é mesmo? — falou o misterioso homem, ignorando completamente a ordem dada pela jovem.

Lúcia deixou os braços penderem ao lado de seu corpo franzino. Só ouvia o vento farfalhando as folhas nos galhos das árvores. O ancião estendeu sua mão na direção da jovem. Os olhos dele emitiam uma atraente luminosidade, e Lúcia, presa ao olhar do andarilho, tomou-lhe a destra.

— Vamos sair daqui, menina — disse o velho, cujas roupas, embora simples (um paletó claro), estavam limpas e arrumadas. — Vou deixá-la à porta de casa.

Tomaram, pois, o caminho de volta para Usina, região da Tijuca, um dos bairros da capital fluminense. Andavam lado a lado, embora o ancião permanecesse a dois metros de distância da jovem, que sentia o frio que fazia. Com um movimento rápido, o andarilho pôs seu paletó sobre os ombros frágeis de Lúcia, e um calor revigorante tomou o ser da jovem, que, minutos atrás, tentara matar-se.

— Meu nome é João — disse o homem depois de um tempo —, e o seu é Lúcia Neves Correia.

— Meu pai mandou o senhor? — indagou Lúcia, arregalando os olhos.

— Não — respondeu secamente João. — Seu pai e sua mãe estão dormindo, graças a Deus.

Lúcia pensou em seus pais. Eram severos, mas sofriam com o padecimento da filha. Paulo, homem duro, tomara como humilhação levar sua filha a médicos psiquiatras, mas o fazia sem demonstrar-lhe a vergonha que sentia. Glória, mãe da jovem, por sua vez, culpava-se pela loucura que tomava a filha nas crises cada vez mais frequentes.

— Como sabe meu nome, seu João? — questionou Lúcia.

— Bem — disse João, com um discreto sorriso e sem tirar os olhos do caminho que percorriam —, existem coisas que você esqueceu que conhece. Existem coisas que você precisa conhecer.

— Não entendi nada — resmungou a moça.

— Eu sei! — Riu o velho. — Mas vai entender perfeitamente com o tempo! Hoje, por assim dizer, você teve um surto e ainda está se acalmando. Mas nós nos veremos outras vezes, em situações menos traumáticas. — A dupla exótica caminhou mais alguns metros na Estrada Velha da Tijuca. — Deus não escolhe quem deve sofrer. Nós é que escolhemos sofrer. Duas frases difíceis de entender, não é? É para você pensar. E vou lhe pedir que tente confiar em mim. Se eu lhe disser alguma coisa que vá contra o bom senso, a ética e os ensinamentos de Deus.... bem... me mande pastar!

— Confiança se conquista! — Disparou Lúcia, olhando o acompanhante de soslaio.

— Eu sei, menina — disse João. — Eu sei muito bem. Não espero facilidade nesta jornada. Nem você deveria!

Mediante aquelas novas e enigmáticas palavras, Lúcia viu-se diante da modesta casa de sua família, herança dos dias de opulência da família Correia, ainda no início do século. Quando a jovem se virou para devolver o paletó, João já havia ido embora.

Tranquila e com forte impressão das palavras ouvidas do estranho andarilho, Lúcia entrou em casa.

CAPÍTULO DOIS

Três dias depois do ocorrido, Lúcia caminhava com sua mãe pela praça Saens Peña. Desde o encontro com o velho João, não tivera mais os terríveis pesadelos que a assolavam. Tomava, porém, os remédios ministrados por Glória sem reclamar. Sabia que a mãe a amava imensamente.

O paletó de João, guardado embaixo da cama da jovem, desapareceu na manhã seguinte da tentativa de suicídio, e Lúcia imaginava que havia se encontrado com uma entidade espiritual, como aquelas que aprendera certa vez na escola. A garota ouvira falar sobre Chico Xavier, umbanda, macumba, mas sua mãe era católica, comungava aos domingos, e seu pai, se acreditasse em Deus, jamais manifestara interesse no Criador.

A tarde, fresca para o padrão carioca, arrastava-se lentamente. Enquanto Glória pagava as contas no banco, Lúcia olhava os filmes em cartaz nos cinemas que cercavam a grande praça. Subitamente, as vozes terríveis que a atormentavam retornaram à sua mente, e um forte arrepio percorreu todo o corpo esguio da jovem. Sentindo cambalear, Lúcia alcançou o tronco de uma árvore que estava na calçada.

— Você está bem, minha filha? — indagou Glória, pondo suas mãos no rosto frio da jovem.

— Só uma tontura — respondeu Lúcia.

— As vozes estão voltando? — perguntou a mãe, visivelmente aflita com um eventual escândalo em pleno coração da Tijuca. — Mas você tomou os remédios!

Um senhor de cabelos ligeiramente grisalhos, vendo aquela cena, aproximou-se respeitosamente. Primeiro, cumprimentou Glória e, em seguida, sorriu cordialmente para Lúcia.

— Minha senhora — disse o senhor recém-chegado, que trazia nas mãos uma grande sacola —, posso conseguir um copo de água para sua filha. Sugiro que as senhoras se sentem no banco.

— Nós estamos bem, meu senhor. — Volveu Glória prontamente, embora alguma coisa lhe dissesse que deveria aceitar a ajuda daquele cavalheiro —, mas vou aceitar o copo de água para minha filha.

Com uma agilidade impressionante, o homem atravessou a rua Conde de Bonfim, entrou em um pequeno bar e retornou com uma garrafa de água mineral.

— Meu nome é Gaspar Pacheco — disse o estranho amigável. — Não sou médico, mas acho que a pressão arterial de sua filha está baixa.

— Deve ser... — Glória estava sem graça de revelar ao bondoso cavalheiro a enfermidade mental de sua filha. — Eu moro na Usina; vou levá-la para casa agora. Aliás, meu nome é Glória Correia. Muito obrigada pela ajuda. Minha filha chama-se Lúcia.

O olhar de Gaspar pousou atentamente no rosto da jovem. Parecia que o homem podia enxergar o invisível.

— Meu carro está aqui perto — esclareceu o homem —. Posso levá-las em um instante. Podemos ainda ligar para seu esposo.

— Não precisa! — exclamou dona Glória. — É um trabalho que um senhor tão distinto não merece.

— Nós aceitamos! — disse Lúcia pondo-se de pé.

Escandalizada, Glória corou de vergonha. Gaspar, percebendo a situação, sorriu, pois notou perfeitamente o que se passava.

— Dona Glória, gostaria de convidar a senhora e sua filha para um café na padaria ao lado da igreja aqui perto — disse Pacheco com convicção. — Acredito que possa contribuir favoravelmente com a situação da jovem Lúcia.

Glória conhecia a padaria sugerida pelo homem. Em verdade, agora que o susto inicial passara, parecia à mãe de Lúcia que já vira diversas vezes aquele distinto cavalheiro, sempre bem-vestido e cordial, nas redondezas. Dessa forma, ela aceitou o convite.

O trio atravessou a renomada rua Conde de Bonfim, e, em poucos minutos, adentrou a rua das Flores, margeada por dois grandes cinemas. Pouco depois, os três alcançaram a grande padaria.

Ali, sentados à mesa, Pacheco pediu um café para cada um. O semblante calmo do cavalheiro tranquilizava Lúcia imensamente.

— Minha jovem — disse Pacheco depois de um gole de café —, me perdoe a franqueza, mas desejo muito ajudá-la. Sei perfeitamente que somos desconhecidos, mas, de minha parte, coloco-me à sua disposição e de sua família. Posso e pretendo apresentar-me ao seu pai...

— Caro senhor — disse Lúcia —, não precisa continuar esse belo discurso.

— Minha filha! — exclamou Glória, exasperada.

— Mãe, eu sinto que o senhor Pacheco quer me ajudar — insistiu a moça. — As palavras delicadas podem ficar para outra hora. — A moça sorriu para o distinto Gaspar. — O senhor pode ir direto ao ponto.

— Bem, irei... — prosseguiu Pacheco, após ele mesmo tomar um susto devido à atitude repentina da jovem. — Existem situações delicadas, que não podem ser explicadas pela ciência. E falo isso como um homem que busca constantemente a instrução e a reflexão. Existem fenômenos, chamados psíquicos ou mediúnicos, que deveriam ser mais estudados pela ciência, mas não o são.

— O senhor está falando de macumba? — indagou Lúcia, interrompendo o novo amigo.

— A macumba é um instrumento musical, usado em rituais de diversas religiões do Brasil — respondeu Pacheco. — Mas não é esse o foco de agora.

— Eu assisti ao programa de televisão com o Chico Xavier — comentou Glória baixinho, já que a conversa atraíra olhares dos presentes na padaria. — Eu assisti ao programa quase todo.

— Mãe! — exclamou Lúcia espantada, pois jamais imaginara sua mãe assistindo à televisão escondida, ainda mais um programa sobre algo sobrenatural.

— Preciso entender o que se passa com você, filha. — Lágrimas surgiram nos olhos da mulher. — Como mãe, não posso aceitar passivamente que você é louca ou está a caminho disso!

Pacheco reconhecera em Glória um drama muito comum aos que desconheciam a doutrina espírita. O veterano, cujo drama pessoal se arrastava por séculos sem conta, já ignorara completamente as importantes orientações dos espíritos do Alto, que davam corpo à chamada codificação espírita.

— Que bom que assistiu a esse programa, exibido no mês passado — anuiu Pacheco, transmitindo-lhe confiança. — Foram apresentadas ali noções importantes sobre o que pode ajudar a jovem Lúcia. — Gaspar mordiscou uma cavaca que havia pedido. — Pelo que percebi, você, Lúcia, ouve vozes.

— Sim — respondeu a jovem, convicta. — Ouço xingamentos, ameaças. Chamam-me de coisas horríveis. Vejo vultos, que parecem tomar formas de homens e mulheres. Os remédios são para evitar isso.

— Entendo — emendou Pacheco, experiente naqueles casos, graças ao trabalho que desempenhava em uma sociedade espírita, dando continuidade ao trabalho da própria mãe, desencarnada havia dez anos. — Você já tentou suicídio, minha filha?

Lúcia empalideceu. Glória, mediante a reação da filha, permitiu que uma lágrima rolasse por seu rosto.

— Há algumas noites — comentou Lúcia, com a voz embargada —, eu subi a estrada da Floresta da Tijuca. Parecia que minha cabeça iria explodir. Ouvia toda sorte de insultos e sentia tapas no rosto. — Enquanto a jovem falava, Glória abraçava a filha. Pacheco, por sua vez, baixou o semblante, profundamente respeitoso. — Então, caí e machuquei os joelhos. Foi quando vi uma ribanceira. Subi no parapeito, decidida a pôr um fim naquela dor! Foi quando a gritaria ficou ainda mais forte. De repente, do nada, fez-se um silêncio profundo. Um velhinho negro apareceu e me tirou dali. Era muito gentil e me emprestou o paletó dele, mas, quando cheguei em casa, ele simplesmente desapareceu!

— Foi um preto-velho, menina! — disse a balconista, que ouvira tudo em seu posto.

Como Pacheco destinou à funcionária da padaria um olhar seco, a risonha mulher percebeu que não deveria ter se manifestado e acabou por ir fazer outra coisa. Sorrindo, Pacheco segurou respeitosamente as mãos de Lúcia, que estavam sobre a mesa.

— Bem, se era um preto-velho, eu não sei — disse Pacheco, emocionado —, mas, sem dúvida, era e é um emissário do Alto. Certamente, seu amigo espiritual tramou nosso encontro.

Tanto Glória quanto Lúcia sorriram. Mãe e filha sentiam-se amparadas pelas palavras do novo amigo.

— Por que eu sofro tanto, senhor Pacheco? — indagou Lúcia.

— Deus não escolhe esse ou aquele para sofrer — respondeu Pacheco. — A doutrina espírita nos orienta muito nesse sentido. É a única doutrina que conheço que explica, de forma coerente, a causa dos sofrimentos. Eu gostaria de levar as duas a um centro espírita.

Glória recuou em sua cadeira. Pacheco percebeu que séculos de incompreensão e preconceito caíam sobre a mãe de Lúcia. A senhora de meia-idade assistira, de fato, a um revolucionário programa de televisão com o nobre Chico Xavier, mas ir a um centro espírita parecia ser demais para Glória. Pacheco, em silenciosa prece, buscou orientações. O homem sabia que benfeitores os cercavam, e veio a resposta.

— Dona Glória, entendo sua posição. Eu mesmo já fui um total descrente, no entanto, me vi em uma situação em que era tudo ou nada. Eis-me aqui. Venci o grande desafio de minha atual existência. Desde então, angariei mais informações, que uso em benefício de todos — em meu, inclusive. E, se posso ajudar, é porque tenho condições para tal. Nada será cobrado, apenas que cultive a fé em si e em Deus.

Glória ficou impactada com as palavras de Pacheco. Sabia que uma oportunidade se estendia diante de sua filha. Havia algum tempo, duvidava da eficácia dos médicos psiquiatras, que aumentavam cada vez mais as doses dos fortes remédios que Lúcia tinha de tomar, enquanto seu problema permanecia. Era um enigma que a simples dona de casa não conseguia compreender. Suas convicções católicas, segundo o padre, deveriam ser fortes para que a cura de sua filha viesse. No entanto, o relato de Lúcia sobre a tentativa de suicídio marcara profundamente seu coração de mãe. Tentaria tudo a seu alcance.

— Que Deus me perdoe — disse Glória —, mas eu vou levar minha filha até onde o senhor disser para ir!

CAPÍTULO TRÊS

Pacheco instruiu mãe e filha a realizarem o Evangelho no Lar nos moldes espíritas. Como orientação evangélica, o cavalheiro recomendou a leitura e reflexão do trecho do Sermão do Monte, que se encontrava no capítulo 5 de Mateus. Como Lúcia recuperara-se plenamente do mal-estar, Glória, com a energia típica das mães em defesa de seus filhos, resolveu tomar um táxi de volta à sua casa.

O compromisso de reencontro com o cavalheiro seria dali a dois dias, numa pequena rua perto da padaria, onde funcionava um modesto centro espírita. Combinaram ainda de que Lúcia continuaria tomando os medicamentos fornecidos pelos médicos alopáticos, pois Pacheco orientou que os procedimentos terrenos fossem mantidos até que os próprios médicos retirassem os remédios.

A despedida foi fraterna e respeitosa, com troca de telefones para eventuais dúvidas e emergências, que Pacheco pressentira que iriam ocorrer. Acompanhando mãe e filha até o carro, ele recordava-se dos dramas que vivera em sua atual encarnação.

Invisíveis aos olhos dos encarnados, um grupo de espíritos testemunhava a cena. João sorria satisfeito. Como Pacheco previra, aquele encontro fora planejado por um grupo de dedicados espíritos vinculado ao Bem.

João e seus companheiros sabiam que a invigilância de Lúcia iria abrir sua guarda magnética para os ataques dos adversários espirituais que ela possuía. Quando isso acontecesse, Antônio e Carlos, dedicados espíritos que atuavam como guardas espirituais, estariam a postos para afastar as entidades vingativas que atentariam contra a filha de dona Glória.

— Deu tudo certo! — disse Carlos, o mais efusivo daquele grupo, que adquirira aquela função havia pouco tempo. — Pacheco criou rapidamente um vínculo com nossas protegidas!

— Tenhamos calma, meu bom irmão — ponderou João, experiente. — As coisas estão caminhando conforme o planejamento reencarnatório de Lúcia, mas a tempestade demorará a passar. Por ora, você e Antônio devem permanecer em seus postos até serem substituídos por Antenor e Gilberto. Sempre inspirem Lúcia à oração e a pensar positivamente.

— O problema será Paulo, o pai da menina — disse Antônio, espírito mais experiente que o companheiro e que atuara nos campos de batalha da Segunda Guerra Mundial. — Ele está sendo cercado pelas forças de MacAlister.

— Agora que Lúcia se fortalecerá — emendou João —, seus inimigos tentarão forçá-la ainda mais ao suicídio. Nós livramos a moça duas vezes do jugo desses seres vingativos, e Lúcia desperdiçou as chances. Agora, ela precisa vencer!

Os dois espíritos guardiões concordaram com o líder e partiram na companhia de Glória e Lúcia. João, por sua vez, regressou à cidadela espiritual onde vivia havia alguns anos, após se desligar de outra cidade vinculada ao magnetismo europeu. Ao chegar, o bondoso espírito reuniu-se com Suzana, responsável por aquele grande posto de auxílio.

— O irmão Luiz providenciará mais esclarecimentos com Pacheco — disse João, após relatar o ocorrido à benfeitora e responsável pela cidadela. — Lúcia ficará mais calma por um tempo.

— Ainda assim — ponderou Suzana, entidade que assumira a aparência morena e madura de uma brasileira típica do Nordeste —, a índole rebelde da moça se manifestará. Assim que a placidez provocada pelos remédios e o medo que sente dos inimigos espirituais forem abrandados, Lúcia ainda pode alimentar a fúria que tem dentro de si há séculos sem conta.

— O Evangelho a norteará — disse João, sinceramente otimista.

— Lembremos que o espírito que hoje atende pelo nome de Lúcia já destruiu muita coisa em nome do Evangelho — emendou Suzana. — Eu e você sabemos disso em primeira mão.

Os dois mentores silenciaram. Conheciam Lúcia havia tempos. Sabiam do que eles mesmos e a jovem reencarnada fizeram em suas existências, porém, diferente de Lúcia, ambos tinham, havia anos, se comprometido em reparar suas faltas. Agora tinham a oportunidade de ajudar a jovem a se colocar no caminho do bem.

João contemplou os jardins ao seu redor. Foram plasmados por poderosas mentes séculos atrás. Ele recordou-se de quando trouxera sua protegida, totalmente alienada, da psicosfera europeia. Naquela época, totalmente dementada pelo suicídio, a então chamada Mary Sullivan acalentara suas dores percorrendo aqueles jardins.

— Foi aqui que sua menina, por assim dizer — explicou Suzana, que conhecia profundamente o coração do amigo —, começou a se recuperar mentalmente. Embora ainda não tivesse condições de traçar seu planejamento reencarnatório, foi ela quem pediu a mediunidade ostensiva para ajudar na reparação de seus crimes.

— A mediunidade é uma faca de dois gumes — ponderou João. — Não sou tão sábio como afirmam... eu ainda hesito em ver Lúcia como médium ostensiva. Acho que é demais para ela. Preferiria demência ou deficiência física. Pelo menos para a atual encarnação.

Suzana fitou o benfeitor, cuja sabedoria era reconhecida por incontáveis trabalhadores do Senhor, contudo, reconhecia em João limitações semelhantes às dela. Havia algum tempo, pedira a Felipe, um dos apóstolos do Cristo, para permanecer na Terra, mesmo quando lhe fora concedida a oportunidade de ir para mundos felizes.

— Você é sábio, meu irmão — disse Suzana —, e dotado de muito amor. Mas, como eu, está longe da angelitude que os que estão imersos na carne atribuem a nós e mesmo muitos dos enfermos que estão hospedados aqui. Luiz, Jussara e eu consideramos que Lúcia conseguirá se fortalecer moralmente como médium, mas o ímpeto de rebelião que há nela será uma pedra a ser trabalhada. Removida, não. Como médium ostensiva, ela terá freios que antes não tinha e a primeira oportunidade, em séculos, de ajudar os necessitados. Fiquemos confiantes!

CAPÍTULO QUATRO

Ao chegarem em casa, Lúcia e Glória viram o carro da família, um fusca, parado na calçada. Ainda não era a hora que Paulo costumava chegar em casa. Por conta disso, as duas mulheres consideraram que algo ocorrera no serviço do chefe da família.

Com um mau pressentimento, Glória entrou primeiro e foi direto para a sala, enquanto Lúcia, buscando orar conforme Pacheco ensinara, ficara no belo jardim. Glória encontrou Paulo na cozinha com o cinzeiro cheio de guimbas e cinzas. A fumaça empesteava o recinto. O pai de Lúcia estava sentado junto à geladeira, desgrenhado e com uma garrafa de cachaça entre as mãos.

— Perdi o emprego — disparou Paulo.

Glória pôs as mãos na cabeleira dourada. Aquele dia parecia não acabar. Sentiu, subitamente, o chão desaparecer sob seus pés. A família não era rica, mas nada lhes faltava.

— Na minha idade — emendou Paulo, que trazia marcas de lágrimas em seu rosto —, não conseguirei mais emprego. Estou velho!

Enquanto o drama de Paulo se desenrolava na cozinha de casa, Lúcia, que estava no jardim, orava o pai-nosso repetidas vezes. Parou apenas quando sentiu uma presença perto de si.

Um homem jovem, negro e com um fino paletó cinza a encarava, encostado na aroeira frondosa do quintal.

— Lúcia — disse Carlos —, seu pai perdeu o emprego. Vá lá dentro e diga a ele para ter fé. Deus está no controle!

— Como... — balbuciou a jovem.

— Você sintonizou conosco por meio da prece — respondeu Carlos com um sorriso. — Agora vá! Seu trabalho começa em casa!

Lúcia, obedecendo ao estímulo do espírito protetor, correu para dentro da residência e encontrou o pai completamente arrasado. Então, abraçou o severo genitor e percebeu que havia no local uma das presenças sinistras que costumavam perturbá-la.

— Deus está no controle, pai — disse a moça, confiante. — Essa crise vai passar!

Surpreso com as palavras de Lúcia, Paulo fitou a filha. Em seguida, arremessou contra a parede a garrafa de aguardente e caminhou tropegamente para seu quarto, na companhia de Glória. Um homem, conforme acreditava Paulo, devia ser o senhor de si e de seu lar. Sua filha não deveria consolá-lo. No entanto, o desempregado não conseguiu dizer nada daquilo a Lúcia.

Naquela noite, enquanto Paulo resfolegava ébrio em sua cama, sob a vigilância de Glória, Lúcia meditava sobre seu encontro com Pacheco. Reverberavam em sua mente as palavras do cavalheiro e seu encontro com o altivo negro de terno e gravata, que, evidentemente, era um espírito.

A jovem percebera que, ao orar, não ouvira os impropérios que a desnorteavam, mas palavras sábias e encorajadoras. Novamente em oração, chamou por João e pelo homem de terno, mas não ouviu nem viu nada de diferente.

No dia seguinte, Paulo, que permanecera vinte e cinco anos nos serviços administrativos de uma importante gráfica, saiu em seu velho fusca. Iria resolver as documentações pendentes para oficializar seu desligamento da empresa. Aproveitaria para estabelecer contatos que pudessem colocá-lo novamente no quadro de funcionários de alguma firma.

Glória, por sua vez, parecia ter se esquecido de tudo que testemunhara no dia anterior, cuidando maquinalmente da casa, enquanto ouvia as músicas atuais no rádio. Observando a mãe, Lúcia considerou aquele comportamento habitual, fonte de muita insatisfação por parte da mulher.

A moça esperaria o dia marcado com Pacheco e sentiu que aqueles pensamentos prudentes estavam sendo enviados pelas entidades amigas comandadas por João.

CAPÍTULO CINCO

Na manhã do dia combinado para ir ao centro espírita com Pacheco, Lúcia estava apreensiva. Seus sonhos foram conturbados, e nitidamente o rosto de Carlos e um outro, de aparência madura, haviam sido o suficiente para afastar os vultos sinistros que a cercavam. Apesar da apreensão, havia, porém, algo em seu coração que a jovem chamou de esperança.

— É hoje, mãe — disse a jovem a Glória, que terminava de coar o café. — Vamos nos encontrar com o senhor Pacheco.

Glória fechou os olhos. Antes, a ideia de ir ao estranho centro era um facho de esperança para sua filha, mas, naquele momento, diante do drama que seu marido enfrentava, o compromisso com o distinto cavalheiro estava severamente embotado.

— Filha — disse Glória, secando as mãos no pano de prato —, acho que não precisamos ir. Andei pensando bastante se os anjos não dispensariam nossa ida a esse local. Se forem de Deus, eles podem perfeitamente vir aqui.

— Mãe, temos um compromisso! — atalhou Lúcia, sentindo o plano ir por água abaixo. — O senhor Pacheco quer nos ajudar. Me ajudar! A senhora tinha concordado!

— Ah, menina! — retrucou a mulher. — Não grite comigo! Olhe bem! Se alguém nos vir entrando nessa macumba, seremos ridicularizadas! Já não bastam os problemas de seu pai?

— Eu irei sozinha! — Disparou Lúcia,

— Não mesmo! — Volveu Glória, cerrando os punhos.

— Eu sinto que o senhor Pacheco pode me ajudar, mãe — insistiu Lúcia. — Eu não quero enlouquecer!

Glória relaxou os punhos. As lágrimas da filha detiveram a fúria da mulher, que pegou o pano de prato que caíra no chão e fitou Lúcia. O relato dela sobre a tentativa de suicídio voltou com toda a força à sua mente.

— Vou ligar para o senhor Pacheco — disse Glória com a voz embargada. — Nós iremos. Não sei a hora que seu pai chegará da rua. Nem o vi sair. Em todo caso, deixaremos um bilhete para ele.

Pacheco atendeu ao telefone rapidamente. Feliz, o veterano informou o endereço do centro espírita e marcou com mãe e filha na padaria que conheciam. Deveriam estar nas dependências da agremiação às dezenove horas.

Aos olhos de Lúcia, o dia passou lentamente. A jovem permitia deixar a imaginação livre, idealizando o que poderia acontecer. Glória, por sua vez, ansiava pelo marido. Certamente, ele bloquearia a tentativa de irem ao antro de feitiçaria que imaginava ser o local. A pobre senhora nem sequer conseguia se lembrar da entrevista que vira sobre o famoso Chico Xavier.

Finalmente, às dezoito horas, mãe e filha tomaram um táxi e partiram em direção ao ponto de encontro com Pacheco. Ele, por sua vez, já adentrara o estabelecimento.

No plano espiritual, uma verdadeira batalha desenrolava-se desde a madrugada. Antônio, Carlos, Antenor e Gilberto, sob o comando direto de João, afastavam diversos obsessores que haviam sido arrebanhados por um temível espírito das sombras chamado MacAlister. A turba de entidades sofredoras, reunida em locais de devassidão, não tinha nenhum conhecimento sobre Lúcia, mas a atacava sob a promessa de pagamento. Como uma onda, esses espíritos lançaram-se sobre a jovem, mas as forças espirituais lideradas por João as rechaçaram com vigor. João e Antônio eram entidades espirituais, que, por muitos anos, haviam servido na Legião dos Servos de Maria, atuando nas zonas umbralinas mais densas, e eram hábeis na lida contra entidades infelizes. Antônio, por sua vez, havia décadas especializara-se no combate a espíritos caídos, e aqueles a quem enfrentava agora não lhe causavam quaisquer preocupações. Os outros três espíritos guardiães eram, na verdade, aprendizes diretos de Antônio.

Sem grandes problemas, o grupo de entidades desorientadas foi dispersado. Dois deles, ao se depararem com João, prostraram-se e clamaram por socorro. Imediatamente, o benfeitor espiritual abraçou-os e, em prece, solicitou a presença de socorristas espirituais. Pouco depois, cinco espíritos surgiram e levaram a dupla de resgatados para o núcleo espiritual onde João atuava.

— Começamos bem — disse o sábio espírito a seus companheiros. — Que permaneçamos assim!

Lúcia e sua mãe encontraram Pacheco na hora aprazada, e, após os cumprimentos formais, o trio seguiu pelas movimentadas ruas tijucanas. Pacheco explicava à dupla como as coisas iriam acontecer durante a sessão espírita, e Glória mantinha-se alerta para qualquer armadilha que o simpático senhor pudesse ter lhes preparado.

Finalmente, o grupo chegou a uma modesta casa, em uma rua movimentada, quase na altura do Maracanã. Uma placa dizia Centro Espírita Fraternidade Cristã. Uma senhora risonha estava à porta cumprimentando os frequentadores que chegavam ao local. Ao ver Pacheco, a mulher, que se chamava Heloísa, abriu um largo sorriso e apertou efusivamente as mãos do distinto cavalheiro.

— Caro confrade — disse Heloísa —, que bom revê-lo!

— Olá, minha irmã querida! — Volveu Pacheco. — Que saudade de você e dos camaradas deste lar bendito! — O cavalheiro voltou-se para Glória e Lúcia, que sentia as vibrações poderosas daquele lugar. — Estas são minhas convidadas. Vieram conhecer este templo do Cristo!

Após os cumprimentos, Pacheco levou Glória e Lúcia para dentro da antiga instituição, fundada nos idos dos anos 1930.

CAPÍTULO SEIS

Está sentindo alguma coisa, Lúcia? — indagou Pacheco, após se sentar na assistência com as acompanhantes.

— Sim, senhor Pacheco — respondeu Lúcia, apertando os dedos das mãos. — Sinto minha cabeça explodir e ondas de calor, que vêm e vão....

— Está vendo vultos? — questionou o cavalheiro, certo da resposta.

— Sim — respondeu a moça, aflita. — E ouço muitas vozes. Eu tomei o remédio!

— Aqui, você está segura — asseverou Pacheco. — Espíritos guardiães estão com você há algum tempo, e, neste lugar cristão, o mal não pode lhe fazer nenhum mal. Benfeitores espirituais estão por todos os lugares. Agora, respire calmamente e faça uma silenciosa prece. Tente se harmonizar com as vozes e os vultos. Você deve aprender a dominar sua mediunidade e não o contrário.

Em silêncio, Glória observou a discreta conversa do homem com sua filha. Sentia-se bem naquele salão. A vibração que a mulher sentia a impelia à introspecção, e ela logo começou a orar à Virgem Santíssima. Enquanto orava, Glória sentiu um enorme fardo afastar-se dela.

Um homem completamente calvo aproximou-se de Pacheco. Os dois senhores abraçaram-se discretamente. Com palavras quase inaudíveis, Irineu, o presidente do centro espírita, convidou o amigo a proferir a prece que abriria os trabalhos daquela noite. Com um sorriso discreto, Gaspar Pacheco aceitou o convite. Havia anos, conhecia Irineu, antigo seareiro espírita e amigo de seu inesquecível mentor, Germano, desencarnado havia anos, além de ter sido muito próximo de sua mãe.

Minutos depois, Irineu e Pacheco aproximaram-se da tribuna. Os demais trabalhadores do centro estavam à esquerda deles, cinco sentados à mesa, enquanto os outros nove estavam em pé. Toda a assistência, que contava com cerca de cem cadeiras, estava cheia. Lúcia sentia o ar vibrando, tamanha a energia que pulsava no local.

— Amados irmãos, filhos de Deus — proferiu Pacheco, com uma voz potencializada por ninguém menos do que Germano, que havia alguns anos era um dedicado trabalhador espiritual e que viera acompanhar o filho do coração naquela tarefa —, que o Mestre dos mestres, Jesus de Nazaré, continue a banhar nossas almas cansadas e falhas com seu bálsamo de amor. Cá estamos nós, após as lides do dia, no mundo material de César, buscando o esclarecimento necessário ao nosso crescimento moral. Pai Celestial, buscamos Sua luz e Sua glória! Sabemos que é necessário abandonarmos o homem velho, que é nossa própria criação. Que Jesus possa iluminar nosso caminho, assim como ele fez com Lázaro, seu amigo. Que tenhamos força para enfrentar nossos problemas e nossas limitações morais. Abençoe, Pai Celestial, os estudos e trabalhos de hoje. Que Seus servos espirituais consigam nos ajudar da forma que necessitamos e merecemos. Pedimos ainda pelos que sofrem e pelos que fazem sofrer neste mundo! Clamamos por aqueles que conhecem as palavras de Jesus, mas que ainda não conseguem compreendê-las! Que Deus nos ampare! Que assim seja!

Durante a sentida oração de Pacheco, outrora um homem duro, fachos de luzes banharam não só o centro espírita, mas toda a redondeza. A voz do humilde cavalheiro atravessou as paredes físicas do templo, ecoando pelo infinito. Muitos espíritos apegados ao mal fugiram no início da prece, mas outros ouviram atentamente as palavras balsamizadas. Uns poucos, mediante o verbo santificado pela bondade, se colocaram de joelhos, e espíritos, sob o comando de Sofia, uma das lideranças espirituais do centro, vieram acolher as entidades, que, finalmente, pediam ajuda.

Uma prece. Uma singela prece pode despertar um indivíduo encharcado de maldade por anos sem conta.

Emocionado e sentindo a presença do grande amigo, Pacheco devolveu a palavra a Irineu, que via, ao lado do amigo, o benfeitor espiritual, que também fora um querido confrade enquanto ainda na carne.

Irineu apresentou a oradora da noite, uma reconhecida seareira chamada Cláudia Moreira. A senhora aproximou-se ainda emocionada pelas palavras que Pacheco proferira. Cláudia respirou e fez uma prece mental. Sua guia espiritual, uma entidade chamada Maria Luiza, aproximou-se ainda mais de sua pupila.

Durante trinta minutos, Cláudia dissertou sobre o perdão. Atento, o público sorvia cada palavra dita. Espíritos trabalhadores percorriam as fileiras, magnetizando a todos. Palavras de estímulo eram ditas a cada reencarnado que assistia à belíssima palestra.

Lúcia sentiu fortemente a presença de João bem ao seu lado. Ao desviar os olhos da oradora, a jovem divisou o benfeitor em seu flanco direito. João estava nítido aos olhos de Lúcia, tal como na noite em que ela tentara suicídio. O ancião sorria para a moça, e seus olhos brilhavam imensamente.

— Filha — disse João a Lúcia —, aqui é um hospital e uma escola. Como hospital, cura as enfermidades de nosso espírito. Como escola, nos ensina como evitar ferimentos morais.

— Tenho muito a aprender — sussurrou Lúcia.

— Sim — respondeu João. — E não ache que os espíritos aqui sabem tudo. Todos nós somos aprendizes. Há um amigo meu, um caboclo chamado Sete Encruzilhadas, que costuma dizer que quem sabe mais deve ensinar ao que sabe menos e que não devemos dar as costas a ninguém. Faz sentido, não é?

— Aqui é kardecismo ou umbanda? — indagou a jovem à entidade.

— Rótulos são próprios dos que não enxergam as coisas como elas realmente são — asseverou João com um sorriso. — Os verdadeiros servidores da Luz não se preocupam com rótulos, mas com o trabalho que edifica a todos.

A atenção de Lúcia voltou-se para a palestrante. Cláudia encerrava sua magnífica explanação. Os trabalhadores encarnados do centro, que estavam de pé, haviam se espalhado pelo salão e, com as mãos impostas, irradiavam energias sobre os presentes, assistidos por seus amigos espirituais.

No encerramento da palestra, Irineu anunciou que iniciariam outras atividades. Algumas pessoas se levantaram e caminharam para um aposento dedicado ao estudo de *O Livro dos Espíritos*. Outras dirigiram-se para o estudo de *O Evangelho Segundo o Espiritismo*. Um grupo de seis pessoas rumou para o aposento dedicado ao desenvolvimento mediúnico, e um grupo de sete trabalhadores do centro caminhou para outra sala, a mais discreta de todas do complexo.

— Agora, realizarei uma atividade — disse Pacheco a Glória e Lúcia. — Seria bom que as senhoras fossem para o estudo do Evangelho.

— Achei que veria algo sobrenatural — disse Glória, visivelmente decepcionada.

— Com o tempo, as explicações virão. — Volveu Pacheco, paciente. — Ainda não estão preparadas para algo, digamos, mais intenso.

— Estou vendo diversos espíritos, senhor Pacheco... — informou Lúcia com franqueza. — Incluindo o João.

— Estou certo disso, minha jovem — anuiu Pacheco. — No entanto, estou seguro de que nosso bom amigo espiritual está impedindo que você veja os espíritos maus que pululam por aqui e que estão sob o jugo dos dedicados guardas espirituais. Agora, em verdade, irei para o que chamamos de desobsessão. Atenderemos alguns casos, incluindo o seu. — O veterano sorriu confiante. — Iremos desatar alguns nós, mas sem pressa e com fé.

CAPÍTULO SETE

Glória e Lúcia, que sentiam a poderosa e salutar vibração daquele templo, sentaram-se em confortáveis cadeiras dispostas em círculo. Heloísa atuaria como facilitadora daquela atividade. Ambas receberam um volume gasto de *O Evangelho Segundo o Espiritismo*. Em sua clarividência, Lúcia não mais divisava apenas o bondoso João, mas via claramente outros espíritos que circulavam pela sala.

Enquanto as acompanhantes de Pacheco se acomodavam na sala de estudos quase do outro lado da construção modesta e antiga, a equipe de desobsessão preparava-se. Pacheco foi convidado a se juntar àquele trabalho delicado e estrito e só fora admitido como membro honorário por determinação de Lucas, a entidade responsável por aquela atividade. Gaspar era o oitavo integrante do grupo.

O benfeitor Lucas já estava inteirado dos casos que passariam pela equipe de encarnados, e muitos dos seus subordinados já haviam debelado as más intenções do bando de obsessores, que cercava não só o prédio, mas, sobretudo, os encarnados que ali estavam. Só os chamados obsessores espirituais com as devidas condições iriam incorporar nos médiuns, que já sentiam as vibrações perniciosas das entidades, que eram mais ignorantes do que más.

João, por sua vez, havia muito conhecia Lucas e os espíritos que trabalhavam naquele centro espírita, tendo realizado inúmeras atividades ali, inclusive, desempenhando serviço no desenvolvimento de médiuns e no receituário homeopático, além, claro, de servir nas forças dedicadas à desobsessão. O benfeitor de Lúcia estava certo de que sua protegida não resolveria todos os seus problemas ali, mas sairia bem melhor psiquicamente do que quando chegou.

Abertos os trabalhos, que consistiram, inicialmente, em uma brevíssima preleção do capítulo 5 de *O Evangelho Segundo o Espiritismo*, que trata das aflições, o serviço de incorporação iniciou-se. Sentado ao lado de duas senhoras, Irineu dialogou com uma entidade que insistia em levar sua pretensa vítima ao abuso de álcool. Pacheco, sentado ao lado de um casal de velhos conhecidos, conversava com outro espírito sofredor, que teimava ter sido assassinado pela própria esposa. Os outros dois trabalhadores encarnados que restaram ficaram em poderosa prece, ajudando na sustentação vibratória e doando ectoplasma, que era manipulado por duas entidades de aparência feminina, em benefício de todos ali.

Os primeiros espíritos sofredores, por fim, deram lugar a outros após uma breve conversa. Os médiuns que haviam incorporado agora oravam, enquanto os confrades a seu lado davam passagem a outras entidades. Os benfeitores espirituais assistiam a tudo e orientavam, firmes e certos da vitória moral.

O serviço ocorreu célere. Lucas e João pediram que Antônio e Carlos se preparassem. Havia chegado a hora de ajudar Lúcia. Pacheco notou Germano ao seu lado e sentiu o abraço do velho amigo que estava na pátria espiritual.

— Agora, vamos todos nos preparar para atender à jovem Lúcia — disse Irineu, que recebia as orientações de Lucas. — Antes de chegar até aqui, a moça foi atacada. As forças da Luz intervieram, e o bando foi desfeito. Eram perdidos e estavam engabelados pelas forças que, de fato, perseguem essa menina que detém ampla mediunidade. Tanto a mediunidade dela quanto a descrição dos ataques apresentados pelo irmão Gaspar não dão ciência do que vem por aí, mas somos protegidos por Jesus e por seus emissários e já vimos esse tipo de coisa antes. É hora de ter firmeza!

Ao fim da exortação de Irineu, o ar empesteou-se com cheiro de enxofre. Gritos terríveis foram ouvidos por Balbina e Mário, médiuns que tinham aguçada capacidade de clariaudiência. Conrado e Eduarda, que faziam a sustentação, concentraram-se ainda mais, protegidos pelas entidades que usavam trajes parecidos com os das freiras católicas.

Escoltado por Antônio e seus subordinados, três entidades sinistras apresentaram-se. Usavam saias com cores embotadas, e a aparência doentia e maligna desses espíritos quase desconcentrou o experiente Irineu. Os obsessores pareciam acuados, mas traziam a cabeça altiva, indicando que sabiam exatamente o mal que faziam.

Balbina, Mário e Joana incorporaram as tenebrosas entidades, que foram atraídas magneticamente para os médiuns. Era um momento crítico e delicado. Os benfeitores estavam a postos zelando pelos experientes médiuns, mas, ainda assim, alguma coisa poderia dar errado. Aqueles espíritos perseguidores, evidentemente, não eram alienados, viciados ou vagabundos. Eram seres dotados de poderosa força magnética e consciência. Por mais atordoados que estivessem pelas forças da Luz, ainda eram perigosos.

Pacheco aproximou-se de Mário e Joana, enquanto Irineu fitava o rosto constipado e vermelho da doce Balbina. Os veteranos de doutrina não esperavam que três obsessores se manifestassem simultaneamente, mas já tinham visto aquilo antes. Se aquilo acontecera, era porque o grupo de caridade daria conta, além de evidenciar o fortíssimo vínculo magnético que unia os três espíritos de estranhas vestes.

— Irmão — disse Irineu —, pela Graça de Deus, o senhor foi trazido até aqui! Que bom! É tempo de deixar a dor e o sofrimento para trás...

— Não fale de Deus comigo, falso pastor — disse a entidade por meio de Balbina —, pois não vai funcionar. Caímos na emboscada que aquele negro nos lançou, mas não vai nos segurar por muito tempo! Ah, não! Ou eu não me chamo Jack Nielsen!

— De que adianta a revolta, irmão? — insistiu o presidente da casa espírita. — Só prolonga seu sofrimento. Ninguém gosta de sofrer! Meu caro, você tem a consciência de que está morto e sabe que sua carne já virou pó. É hora de deixar o ódio e procurar um bálsamo para suas dores. Deus não deseja o sofrimento. Permita que os servos de Deus curem suas dores!

— E deixar a traidora escapar novamente? — questionou Jack Nielsen. — Não! Ela não nos escapará por muito tempo. Nós a faremos matar-se de novo! No fim, venceremos, e nossa vingança será eterna! Assim, juramos e assim será!

João e Antônio irradiaram energia fortemente sobre John Nielsen. No lado de Pacheco, Lucas e outros trabalhadores espirituais faziam o mesmo. A conversa estava muito difícil.

— Quem nunca errou, meu irmão? — insistiu Irineu, falando mansamente. — Essa moça, a quem persegue, já tem uma vida muito dura, fruto de seus erros. Ela não precisa que você faça o trabalho de carrasco. Na verdade, todo o mal que você e seus companheiros lhe fazem acaba ajudando-a perante a Lei Divina. Com suas perseguições a essa moça, as dívidas que ela tem são aliviadas. E creio que você saiba disso perfeitamente, pois ela acaba sempre sendo auxiliada pelos servos de Deus!

Jack Nielsen fechou a boca provida de dentes podres e afiados. As palavras heroicas de Irineu faziam sentido. Achava baboseira a conversa sobre Deus, que acreditava ter abandonado a ele e aos seus à própria sorte nos acontecimentos da vida, mas o argumento de que Lúcia sempre acabava salva das garras de seu grupo era muito forte.

Do outro lado da mesa, Pacheco disparara o mesmo argumento contra os dois obsessores, que emudeceram. Lucas e João haviam sintonizado com os dois doutrinadores para que usassem aquela dramática cartada.

— Pense em minhas palavras, meu irmão. Não o julgo — emendou Irineu. — Chega de guerra. Cuide de si agora. Perceba a irmã que doa seu corpo e seus sentimentos para que você, meu irmão, sinta o que esqueceu tamanha a sua angústia! Deus o ama! Eu o amo. Você precisa se amar! Permita que Deus possa envolvê-lo com Seu amor absoluto!

Jack Nielsen continuou hesitante. Ouviu seu companheiro, Charles, chorar. Ian, por sua vez, hesitava. Enfraquecido, John não conseguia se livrar do laço magnético que o unia a Balbina, cuja exaustão orgânica já era evidente. Lucas e João, em comum acordo, orientaram aos auxiliares que libertassem Jack e Ian. Charles, por sua vez, rendeu-se. Amparado nos braços de dois guardiães, o espírito que resolvera aceitar a proposta de socorro era levado ao núcleo espiritual vinculado ao centro. Apoiando-se mutuamente, Jack e Ian afastaram-se, escoltados por quatro espíritos comandados por Antônio.

Lucas orientou os benfeitores espirituais para que irradiassem bálsamos sobre a equipe de trabalhadores encarnados. O resultado foi positivo, mas todos os médiuns presentes sabiam que o caso de Lúcia era muito sério e iria se estender.

— Pela Graça de Deus, o trabalho deste momento foi vitorioso — disse Lucas, por meio de Eduarda, que sofrera menos desgaste. — Plantamos sementes no coração daqueles irmãos caídos. Eles hão de suplantar o mal dentro de si e se renderão ao Amor do Cristo. É necessário, porém, que a jovem trazida por Pacheco e João receba o esclarecimento necessário para que ela própria se responsabilize por seus atos pretéritos e presentes!

Com as palavras finais do mentor do delicado trabalho, Irineu teceu sentida prece agradecendo pelas lições aprendidas e pela oportunidade de servir.

CAPÍTULO OITO

Irineu e Pacheco encontraram Glória e Lúcia bebendo um saboroso café na pequena cantina do centro. Os homens perceberam que mãe e filha traziam um semblante mais leve. Era verdade. Lúcia sentia uma imensa alegria malcontida e evidenciada pelos olhos alegres e atentos.

Pacheco convidou as duas para uma conversa na mesma sala onde haviam ouvido belas lições contidas em *O Evangelho Segundo o Espiritismo*. João, Lucas e Germano, acompanhados por outros trabalhadores da Luz, cercavam o grupo.

— Minha jovem — iniciou Pacheco —, o que achou desta modesta casa?

— Ah, eu adorei! — respondeu Lúcia com uma inédita vibração, impressionando a todos, incluindo sua mãe. — Eu não me lembro de sentir tanta paz e alegria antes!

— Que bom! — Sorriu Pacheco. — O centro é um santuário de paz, embora, às vezes, a guerra chegue até aqui. — O veterano esperou as iniciantes absorverem suas palavras prudentes. — O que você tem, Lúcia, em termos diretos e de forma clara, é uma obsessão. Ou seja, espíritos vingativos a buscam e, pela Lei de Sintonia, atingem você e sua família. Acredito que já suspeitasse disso, embora tivéssemos conversado por alto em nosso encontro na praça.

— Mas o que minha filha fez para merecer isso? — interrompeu Glória.

— Nada é por acaso, dona Glória — respondeu Pacheco. — Deus não escolhe esse ou aquele para sofrer. Todos nós temos as mesmas responsabilidades perante a criação divina. Ocorre que nós escolhemos mal em algum momento de nossa existência. Eis uma das causas das obsessões, ou seja, da perseguição de espíritos. — Pacheco, então, concentrou-se nos amigos espirituais. — O conceito de obsessão é amplo, bem como as causas dos sofrimentos, prezadas senhoras. Vamos manter, por ora, o foco em Lúcia.

Lúcia ouviu espantada as palavras de Pacheco. Ouvira insultos dos espíritos perseguidores por toda a sua vida e jamais entendera a razão daquilo, já que era uma menina. A elucidação do súbito professor, contudo, fazia muito sentido.

— Durante os trabalhos de desobsessão — prosseguiu Pacheco —, três entidades puderam se manifestar. Foram orientadas, e estamos certos de que sua vida ficará mais tranquila, Lúcia, embora o tratamento, certamente, deva continuar.

— Orientados? — indagou Lúcia, surpresa. — Por que eles não foram derrotados? Eles me atacaram, sem dúvida! Eles estão soltos?

— Bem... — disse Irineu mais rápido que Pacheco —, nas lides espirituais, trabalhamos com alguns conceitos diferentes do que popularmente se vê no cotidiano. Não falamos em vitoriosos e derrotados no trato com espíritos perseguidores. Foi justamente esse pensamento que os levou ao estado em que estão.

— Mas... — balbuciou a jovem, com uma cólera recém--desperta e totalmente perceptível a todos.

— Agora é a hora de você refletir sobre tudo o que vivenciou aqui hoje — insistiu o hábil Irineu. — As respostas virão. Todas elas. É necessário um passo de cada vez para que não haja tropeços. De nada importa agora sabermos quem eram e por que a perseguiam. Com o tempo, a verdade virá à tona! Lembremos o que foi dito na palestra da irmã Cláudia!

Lúcia controlou seu ímpeto, e Glória tomou a mão esquerda da filha. A esposa de Paulo simplesmente não conseguia compreender muito daquela conversa estranha.

— Ainda há outra coisa que precisamos falar, Lúcia — continuou Pacheco. — Você, mais do que eu e o Irineu, é capaz de ver e ouvir os espíritos. Essa capacidade é chamada de mediunidade. Não é um presente de Deus; é uma responsabilidade que deve ser lapidada com estudo e boa vontade.

— Minha filha pega santo? — inquiriu Glória, num espasmo.

— Pode-se dizer que sim — respondeu secamente o cavalheiro. — Embora não usemos esse termo aqui. "Pegar santo", na umbanda e no candomblé, dentre tantas nobres e admiráveis religiões brasileiras e afro-brasileiras, consiste no ato de incorporar benfeitores espirituais.— O homem maduro, então, se permitiu um sorriso. — Lúcia não incorpora só santo, mas, pela minha experiência, incorpora também os obsessores, os ditos "diabos". Pela Lei de Ação e Reação, nós nos associamos com bons ou maus espíritos. Tudo depende, nesse caso, de nosso estado mental. Aprender a controlar isso é fundamental!

— Minha filha pode ficar na Igreja? — A pergunta de Glória era genuína, por conta de ser a única filosofia religiosa que conhecia.

— Sim — respondeu Pacheco com franqueza. — A mediunidade não é exclusiva do espiritismo e da umbanda. Ainda que espíritas e umbandistas usem o termo mediunidade, outras crenças chamam esse fenômeno natural de profecia. — O cavalheiro, então, emitiu outro sorriso, totalmente aberto e convicto. — No entanto, a codificação espírita, que não é uma religião, mas sim filosofia e ciência, é a única que conheço a explicar o que ocorre no fenômeno da mediunidade e como podemos viver saudavelmente com ela, respeitando a Deus e a Jesus, nosso Mestre absoluto.

Após disparar aquelas palavras, Pacheco, deixando todos em silêncio reflexivo, olhou seu relógio. Havia muita coisa para as duas convidadas pensarem.

— Caras senhoras — disse Pacheco —, há muito para refletirem. Sem dúvida, ainda há muitas perguntas não formuladas, mas elas surgirão, e nós responderemos às que nos forem possíveis. Como foi dito, o tratamento espiritual de Lúcia prossegue, e, na próxima sexta-feira, nova desobsessão será feita. Enquanto isso, orações e reflexões benéficas serão fundamentais! Quem quer se curar deve cumprir com o prescrito, incluindo o que o médico receitar.

Ainda ligeiramente confusa, mas se sentindo bem, Glória agradeceu toda a atenção que havia recebido. Lúcia também, embora seu cérebro já formulasse inúmeras questões.

Pacheco acompanhou as duas convidadas até a rua, onde tomaram um táxi para casa. Antes, porém, Irineu presenteou as duas com um exemplar de *O Livro dos Espíritos* e *O Evangelho Segundo o Espiritismo*. E, com elas, seguiram os mesmos espíritos benfeitores que estavam encarregados de protegê-las.

CAPÍTULO NOVE

Os trabalhadores encarnados regressaram a seus lares com o sentimento de missão cumprida. Muitos deles continuariam o serviço fraterno em desdobramento espiritual.

Dentro do táxi, Glória e Lúcia iam em silêncio, relembrando tudo aquilo que haviam visto no centro espírita. Ao chegarem em casa, encontraram Paulo, bêbado, no sofá.

— Gastaram mais dinheiro na rua, é? — indagou o homem sem tirar os olhos da televisão.

— Fomos ao centro espírita de que lhe falei — disse Glória, fingindo ignorar o estado do marido que tanto amava. — Bom, até. Exótico. Eu e Lúcia fomos muito bem atendidas...

— Recebeu santo? — A gargalhada repentina de Paulo assustou as mulheres.

— Que é isso, pai?! — atalhou Lúcia. — Aprendemos muito. Estou me sentindo muito bem! Como nunca me senti!

Paulo fitou a filha. O homem atormentado recebia passes magnéticos de dois espíritos amigos desde que chegou em casa, mas as vibrações perniciosas que o desempregado emitia as anulava. Quando, porém, viu o semblante luminoso da criança que tanto amava, Paulo sentiu o coração ser tomado por ternura. Nesse momento, os passes magnéticos dos amigos espirituais começaram a surtir algum efeito.

— Que bom, menina — sussurrou Paulo, balançando positivamente a cabeça desgrenhada.

Sem proferir mais nenhuma palavra, o pai de Lúcia foi para seu quarto e dormiu quase imediatamente.

— O que será de nós com seu pai nesse estado? — indagou Glória.

— Vamos enfrentar essa situação — disse Lúcia, com uma firmeza que se revelava pela primeira vez naquela encarnação. — Uma batalha por vez!

Mais tarde, em seu leito, a jovem abriu *O Livro dos Espíritos*, e pareceu que nada mais existia à sua volta.

Enquanto Lúcia lia a primeira obra da codificação espírita, João e seu grupo trabalhavam continuamente com Lucas e todos os outros benfeitores do Centro Espírita Fraternidade Cristã. Atendiam os enfermos de ambos os planos de existência, aplicando passes magnéticos e aconselhando-os.

— Charles, o pobre irmão que se rendeu ao bom senso — disse Ana, uma das entidades que trabalhavam sob a orientação de Lucas —, já foi levado para o núcleo de amparo. Chorava muito e chamava pela irmã e pela mãe. Soube há pouco que ambas estão reencarnadas em pontos distintos do globo.

— Bem, o reencontro deles haverá de esperar. — Volveu Lucas, prático. — Quando isso acontecer, Charles estará em boas condições para a reunião de corações.

Captando os pensamentos do nobre mentor daquele centro espírita, João rapidamente se juntou a Lucas. As atividades que se desenrolavam podiam perfeitamente transcorrer sem a participação direta dos dois sábios.

— Germano pode nos acompanhar nessa missão — disse João ao irmão espiritual. — Ele aprenderá muito com esse drama.

— Nosso bom Germano tem mais experiência do que parece — retrucou Lucas, com um sorriso franco. — Esteve diretamente envolvido no drama secular dos irmãos Pacheco, Gaspar e Getúlio[1]. Mas, sem dúvida, Germano, pupilo de Luiz, poderá nos ajudar.

Por pensamento, Germano, que acompanhara Pacheco até seu domicílio, retornou e prontamente aceitou o convite dos dois mentores. Lucas e João distribuíram algumas orientações a seus comandados para que eles levassem Pacheco, Balbina e Irineu, em desdobramento, para junto deles no momento oportuno, e, acompanhados pelo bondoso Germano, seguiram para a cidadela espiritual chefiada por Suzana.

Não tardou para que o trio de amorosos benfeitores chegassem aos altos portões do núcleo espiritual Esperança. Aquele recanto espiritual, erguido há mais de cem anos, possuía vínculos diretos com diversos núcleos, diversas colônias ou cidades espirituais. Suzana assumira a direção espiritual pouco antes de a Primeira Guerra Mundial eclodir.

Os portões foram abertos sem qualquer som, e um vasto bosque, repleto de flores coloridas, surgiu diante deles, que, prazerosos, caminharam pela estrada que atravessava o arvoredo e findava no castelo que se erguia no coração do núcleo.

Enfermeiros da espiritualidade carregavam alguns socorridos das zonas umbralinas, onde o núcleo fora assentado a exemplo de outras instituições. E o trio de recém-chegados percebeu que alguns dos resgatados já apresentavam

1 Referência ao romance *As portas do tempo*, publicado pela Editora Vida & Consciência.

alguma melhora só em divisarem as flores que se espalhavam pelo caminho.

Suzana aguardava o trio de benfeitores diante do castelo, que possuía duas torres altas e quatro pavimentos. O Castelo da Esperança era cercado por diversas moradias, onde trabalhadores habitavam.

— Sejam bem-vindos, meus irmãos! — exclamou Suzana, curvando respeitosamente sua fronte veneranda. — Nossa labuta prossegue! Nossos amores na crosta terrestre ainda tardam, mas a promessa do Cristo é nossa esperança: ninguém ficará para trás!

— Salve, irmã! — disse João, curvando-se respeitosamente diante da dama espiritual. — Que Deus nos abençoe! Viemos para o conselho que se faz necessário. É como disse: "Ninguém ficará para trás". Essa é a vontade de Deus e o ensinamento de nosso Mestre Jesus.

Lucas e Germano cumprimentaram Suzana cerimoniosamente. Aquele gesto não era superficial, apenas pela pompa, pois seguiam o exemplo do mestre Galileu, que, sempre que chegava a uma moradia, abençoava o local e reverenciava os moradores.

Antes, porém, que o grupo adentrasse pela porta prateada do castelo, duas entidades se aproximaram. Marcos, nobre benfeitor, com a aparência veneranda de um sábio hebreu, e Luiz, com as vestes negras de um padre católico e líder da sociedade espírita onde se desenrolara outro drama moral envolvendo diretamente a família de Gaspar Pacheco.

Novos cumprimentos foram feitos, e logo os benfeitores se reuniram em um grande salão. Coube a Marcos, cujo altíssimo grau moral era superior ao de todos que estavam reunidos ali, realizar a prece de abertura daquela assembleia.

O venerando mentor, aureolado de luz safirina e com sua voz possante, humildemente agradeceu a Deus a oportunidade de serviço.

— Amoroso Pai Celestial, Criador Excelso de todas as coisas — iniciou Marcos, e, nesse momento, pequenas esferas de luzes multicolores banharam todo o núcleo, conclamando todos os servidores a se reunirem à prece —, cá estamos, seus filhos, pequenos e imperfeitos! Agradecemos a dádiva do serviço edificante à nossa existência e a de nossos irmãos. Reunimo-nos em louvor à Criação, ainda pouco conhecida por nós, mas infindável tal como é vosso Amor! — O nobilíssimo mentor irradiava uma luz que atravessa o coração de todos daquele lugar bendito. — Cá estamos, irmão e mestre da humanidade, professor incansável dos ensinamentos de Deus! Jesus! Que tenhamos força para suplantar nossas más inclinações, para que, um dia, seguindo seu exemplo, possamos contemplar a Luz Divina! Inspire-nos, filho de Maria, e esteja conosco em nossa labuta!

Com as derradeiras palavras de Marcos, um raio de luz alvíssimo banhou toda a colônia. Jesus vibrava no coração de todos os habitantes do Castelo da Esperança.

— Amém! É o único caminho! — disse o mestre dos mestres.

CAPÍTULO DEZ

A assembleia começou totalmente enlevada. Suzana, a anfitriã, agradeceu a presença de todos ali e informou que duas benfeitoras estavam em missão nas tumultuadas zonas de baixa vibração: Maria do Rosário[2] e Jupira. Os encarnados que iriam participar desdobrados, ou seja, com os respectivos espíritos semilibertos do veículo físico, ainda iriam chegar no momento apropriado.

Enquanto os membros que faltavam à assembleia não chegavam, trataram de outros assuntos. Marcos fora encarregado de fazer a ligação entre os inúmeros núcleos espirituais que estavam vinculados à psicosfera do Brasil. O grande benfeitor reportara que a doutrina espírita avançava sobre os corações, bem como a umbanda e outras correntes espiritualistas se espalhavam abençoadamente, apesar da contestação de grupos de entidades vinculadas às trevas. Até mesmo a Igreja Católica, por meio de incontáveis guias espirituais e reencarnados com verdadeiro senso cristão, compreendia mais

2 Referência à personagem do Romance *Maria do Rosário*, publicado pela Editora Vida & Consciência.

e melhor a revolução que a filosofia e a ciência da Terceira Revelação postulavam.

— Contudo — prosseguiu o nobre benfeitor, e seu semblante venerável não se modificou —, muitos corações estão apegados ao materialismo e ao poder temporal. A guerra interior de cada um dos filhos que renasceu neste mundo continua e continuará por mais tempo, materializando-se em conflitos físicos. No Brasil, não é diferente. Aqueles que são contra o governo continuarão a pelejar, como podem, contra os dominadores. Pouca reflexão moral há em ambos os lados. Essa nuvem sombria, graças ao Pai, há de passar, e o clamor do povo será ouvido. — O alto espírito voltou-se a Suzana, à sua direita, e sorriu. — E nós continuaremos a trabalhar incessantemente!

Após outras considerações de Marcos, com o silêncio deste, Suzana tomou a palavra. Era como se a generosa entidade, de voz de contralto e melodiosa, cantasse ao falar. Apresentou aos convidados as atividades que o núcleo que dirigia estava desempenhando. O Castelo da Esperança era vinculado a diversas casas espíritas e umbandistas. Enquanto Suzana falava, uma porta abriu-se. Pacheco, Irineu e Balbina, em desdobramento espiritual, chegavam escoltados por Antônio e dois altivos trabalhadores espirituais vinculados ao núcleo — uma entidade de aparência indígena chamada Flecheiro e outra que lembrava uma freira, a quem chamavam de Clara.

Os recém-chegados foram calorosamente recebidos por todos e estavam espantados com os nobres presentes. Balbina, entre lágrimas, recusava-se a erguer o semblante, avaliando que não era digna de estar ali. Marcos, lendo facilmente o coração da humilde médium, caminhou até ela e abraçou-a fraternalmente.

— Anime-se, Balbina. — A voz de Marcos soava como um trovão roncando distante. — Não se envergonhe! Aqui, somos todos irmãos e amigos! Há muito que você, irmãzinha, e nossos outros companheiros de ideal precisam saber para a dura missão que chegou às suas mãos!

Marcos acompanhou Balbina até uma cadeira. João, de pé, iria se pronunciar:

— Meus irmãos — disse o sábio mentor —, muitos dos que aqui estão acompanham o caso de Lúcia Correia e seu drama secular. Agora, porém, alcançamos outro degrau. Ela agora tem alguma noção do que precisa fazer para a própria redenção. — O espírito de aparência de um ancião negro fitou os reencarnados em desdobramento. — A saga do espírito que atualmente se chama Lúcia se iniciou no século 18, na Escócia. Nessa encarnação absolutamente desastrosa, que a história chamou de Segunda Rebelião Jacobita, criou poderosos laços com uma entidade chamada John MacAlister. Como Mary Sullivan, nossa protegida, perseguiu MacAlister, destruindo não só suas posses terrenas, mas também a família dele. Dementado e clamando por eterna vingança, o desventurado persegue, desde então, Mary Sullivan, levando-a ao suicídio e torturando-a depois. Inúmeras vítimas de Mary juntaram-se a MacAlister, que se tornou um verdadeiro rei entre aqueles a quem chamamos de obsessores. Conseguimos que Mary reencarnasse em duas ocasiões, em Malta e na Suíça, porém, os vínculos magnéticos que prendem ambos sempre os levaram a um reencontro desastroso, culminando em dois suicídios após breve existência carnal. — João silenciou por alguns instantes e continuou: — Acabamos por trazer Mary à psicosfera do Brasil por conta dos movimentos realizados pela doutrina espírita, o que pode, e muito, contribuir para a presente Lúcia e, de antemão, a seus perseguidores. É claro que é um curtíssimo relato, mas o suficiente para que os médiuns presentes possam perceber a gravidade do caso. O espírito a quem chamamos de Lúcia recebeu uma mediunidade bem extensiva como meio de saldar inúmeras dívidas e viciações. Não achamos que ela tenha um espírito dócil, como até agora se viu. Lúcia tem um espírito rebelde e extremante ferino!

Houve novo silêncio. Irineu ergueu-se respeitoso. Era a instituição que momentaneamente dirigia, no aspecto terreno, que abrigara Lúcia. Lucas, sabia o envelhecido presidente, esperava aquilo dele.

— Essas informações são fundamentais — disse Irineu, sereno. — Elas nos ajudam a entender como devemos lidar com Lúcia, sobretudo, no que se refere ao suicídio e ao seu temperamento. Mas gostaria de saber a motivação de tão elevada assembleia, pois inúmeros outros dramas se desenrolam e não me recordo de um conselho assim. — O médium veterano alisou os cabelos grisalhos que cediam espaço à calvície. — Perdoem-me se minhas palavras parecem arrogantes, mas os mestres podem ler meu coração. Minha fala é pautada em boa-fé!

Pacheco e Balbina fitaram duramente o confrade. Aos olhos deles, Irineu desprestigiara aquele importante conselho de sábios, ao qual o trio de médiuns era o menos importante.

— Você falou muito bem, Irineu — asseverou Flecheiro, de aparência poderosa. Ele era um grande sábio.

— Sabemos que sua fala é de boa-fé e não deve ser censurada. — João sorriu afetuosamente para Irineu, encabulado. — Este é um momento de aprendizado para todos, embora não tenhamos protegidos privilegiados que mereçam atenção especial. O caso de Lúcia é igual ao de muitos, no entanto, o planejamento reencarnatório dela passa pela abertura de instituições de caridade, dentre outras obras de engrandecimento moral. — João fez nova pausa. — Ela dá conta! É um espírito antigo, que precisa caminhar para a luz. Lembre-se, irmão Irineu, de que falei suscintamente de apenas uma das encarnações de Lúcia.

— Compreendo melhor — disse Irineu. — Ajudarei como puder.

— Sim, meu irmão. — Volveu João. — Pacheco vai continuar seu auxílio, mas Luiz e Mariza, que não puderam estar conosco nesta assembleia, precisam dele em outras missões. — O mentor novamente sorriu. A pemba, meu bom Irineu, como dizemos num terreiro, vai ficar contigo e com Balbina!

— MacAlister logo saberá que sofreu importantes baixas — prosseguiu Suzana — e perdeu um importante tenente. Além disso, os outros dois ficaram seriamente abalados pelo diálogo fraterno. — A veneranda entidade meneou a cabeça. — Esse rei distorcido clamará por vingança e redobrará o ataque.

— Paulo é um elo fraco — disparou Flecheiro. — A perda do emprego foi orquestrada por MacAlister. O pai de Lúcia é um homem de visão limitada, materialista.

— Mas não é mau — interveio João, novamente. — Paulo e Glória aceitaram receber Lúcia como filha sem terem qualquer vínculo anterior, o que foi uma grande caridade para com nossa protegida. — O espírito venerando silenciou por instantes. — Paulo é preocupante. É um sério candidato ao suicídio direto e já está jogando a vida fora, na cachaça.

— Um novo emprego já está sendo providenciado — emendou Flecheiro. — É diferente do que Paulo deseja, mas lhe é necessário. De quebra, terá flexibilidade para ajudar a filha nos momentos em que ela precisar.

— Excelente! — Vibrou João, virando-se para os médiuns desdobrados. — Observem! Todo planejamento reencarnatório sofre devidos reajustes mediante o livre-arbítrio dos envolvidos. Até mesmo um ataque das trevas pode exigir de nós um movimento até então não planejado. A ideia inicial era a de Paulo se aposentar no emprego na gráfica. Como não foi possível, ajustamos e valorizamos os ensinamentos recém-postos à mesa.

— Carlos continuará acompanhando de perto a jovem Lúcia — disse Antônio. — Eles já travaram um bom entendimento, além de ele conseguir se ajustar melhor às modernidades de agora!

Um sorriso surgiu na face dos presentes. Todos, sem exceção, tinham como contribuir com Lúcia. Cada um em uma função. Os médiuns presentes ali estavam embevecidos por testemunharem tamanho esforço de benfeitores espirituais por um espírito reencarnado que era um grande devedor moral.

Outros planos foram apresentados e estabelecidos, com todos os presentes contribuindo. Anotações não eram necessárias, pois o registro mental era impecável. Até mesmo os médiuns iriam guardar claríssimas recordações daquela assembleia para os dias vindouros. E, enquanto viveram, Pacheco, Irineu e Balbina, sempre que se recordavam daquela ilustre reunião, emocionavam-se, certos de que o Amor Divino era imensurável e direcionado para todas as criaturas do universo.

Após o encerramento da assembleia, João caminhava pelos corredores do Castelo da Esperança. Os olhos do benfeitor, que parara diante de uma das altas janelas, encontraram Lúcia caminhando no jardim. Carlos e duas entidades de aparência juvenil acompanhavam a jovem desdobrada, que passeava embevecida pelo belo lugar, pois jamais vira uma paragem tão bela, sabia João, mesmo que aquele núcleo espiritual estivesse em plena zona umbralina. Enquanto observava a jovem médium em seu desprendimento parcial do veículo físico, João recordou-se dos dias em que viveu nas Terras Altas da Escócia.

CAPÍTULO ONZE

Terras Altas da Escócia, 1746.

A batalha dos pântanos de Culloden acabara. Os rebeldes escoceses foram esmagados pelos ingleses sob o comando do implacável Duque de Cumberland. A causa dos católicos jacobitas afogara-se em sangue e lama. Uma mulher altiva caminhava por entre os corpos destruídos dos soldados e trazia na belíssima face o sorriso dos vencedores. Sobre um cadáver ou outro ela cuspiu. MacGregors, Frasers, MacDonalds. Todos os seus inimigos. Mas a gargalhada maníaca ecoou quando encontrou os tartãs dos MacAlisters.

— Piedade senhora! — sussurrou um rapaz que não tinha mais de quinze anos. Ele segurava o ventre aberto e encontrara na mulher uma possível salvação.

Ainda sorrindo, Mary Sullivan pegou uma espada escocesa no chão enlameado e cravou-a no pescoço do jovem MacAlister.

— Mary — disse uma voz imperativa —, aqui ainda é perigoso!

Um inglês, coberto de lama e sangue, aproximou-se da mulher. Tinha a patente de tenente. Um profundo corte no supercílio sangrava bastante e uma tosca atadura enfaixava a cabeça do soldado que estava no lado vencedor.

— Parece que vocês deixaram um jacobita vivo aqui — retrucou a mulher com um sorriso —, e ainda faltam alguns.

— Poucos fugiram — disse Jim Thatcher, amante de Mary. — Se esses homens fossem mais organizados, talvez o resultado tivesse sido outro.

Homens gritavam. Não demorou para que três soldados trouxessem um velho sacerdote católico à vista dos soldados ingleses, que saqueavam os vencidos e os mutilavam. O ancião, com uma cruz tosca nas mãos, não emitia um único som. Atraída pela turba, Mary identificou o frei cercado pelos ferozes soldados.

— Frei Duncan! — gritou subitamente Mary, num misto de espanto e tristeza. — Não machuquem esse velho!

Frei Duncan juntara-se ao exército escocês, não por acreditar que a rebelião sairia vitoriosa; queria apenas acompanhar espiritualmente os bravos soldados que desejavam por um rei católico, Charles Stuart, no trono da Escócia.

Mary acercou-se do ancião que um dia a protegera em Inverness, cidade não muito distante dali. O tenente Jim Thatcher postou-se ao lado da mulher, garantindo que nenhum inglês cometesse algum desatino.

— Levem-no — ordenou o respeitado tenente. — Ele está preso! Mas não o maltratem.

Frei Duncan, cujos olhos claríssimos estavam fixos em Mary, foi levado por dois vigorosos soldados. Em pleno acampamento, o velho frade foi amarrado a uma carroça. Todas as lágrimas do sacerdote já haviam sido derramadas e havia apenas pena pelo que aconteceria a seus compatriotas.

Mais tarde, no meio da noite gélida, Mary e Jim caminharam até onde o lendário Duque de Cumberland se encontrava com os altos oficiais. O olhar implacável do comandante das forças inglesas pousou sobre a bela Mary, e um súbito pensamento de desejo o tomou.

— É fato que as mulheres da Escócia são belas e perigosas! — disse o duque sorvendo uma taça de fino vinho. — Estamos, dignos filhos da Inglaterra, diante de uma dessas belas mulheres! Mas, dessa que aqui se encontra, somente meu sobrinho pode usufruir! — A risada dos homens presentes fez Mary estremecer de ódio, porém, seu plano macabro a fez continuar em silêncio, e, assim, Cumberland tornou a falar: — A senhora foi trazida aqui com uma importante finalidade: mostrar os caminhos que levam aos traidores. Já fez bem em identificar os líderes que morreram hoje. Amanhã, nos levará às casas desses cães montanheses! Nunca mais, repito, nunca mais, a Escócia haverá de se levantar de novo contra a grande Inglaterra!

Movida pelo ódio, Mary Sullivan sorriu.

Nos dias que se seguiram, o exército inglês varreu o norte escocês. Vilas foram saqueadas, e chefes de clãs, mesmo daqueles que não participaram da rebelião, foram mortos. O Duque de Cumberland permitiu toda sorte de crueldade por parte dos seus, e toda a Escócia jamais se esqueceria desses atos. E, junto aos ferozes soldados ingleses, estava a escocesa Mary Sullivan.

No quarto dia do massacre, finalmente, as forças de Cumberland chegaram à região de Lochaber. Era esse o desejo de Mary. Jim dizia à amada que certamente o chefe MacAlister fugira, mas a mulher vingativa sabia que o inimigo morreria em seu lar, defendendo-o. O exército espalhou-se para cercar a grande vila, e, pelo caminho, os soldados encontraram diversos fugitivos.

No momento em que a força de Cumberland já estava espalhada, gaitas de fole ecoaram. Mary estava certa. Os olhos da mulher encontraram os de Duncan, com quem não trocara uma única palavra. O velho frei apenas orou.

Vinte e sete guerreiros liderados pelo próprio John Fitzgerald MacAlister, chefe do clã MacAlister, avançaram contra o grupo de cinquenta ingleses liderados pelo próprio tenente Thatcher. Os bravios escoceses suportaram a única carga de tiros dos invasores, e logo o retinir das espadas ecoou pelas colossais montanhas do Norte. O embate durou pouco. John MacAlister, que sobrevivera à Culloden, foi derrubado e rendido. Ele era um homem de grande estatura, muito forte. As insígnias de seu clã, antigo e orgulhoso, foram arrancadas, e seu tartã estava coberto de lama. Apenas cinco de seus parentes haviam sobrevivido à carnificina.

Cumberland, caminhando tranquilamente pelo campo de batalha, com seu traje impoluto e pesado de condecorações, fitou arrogantemente o inimigo vencido.

— Foi difícil chegar aqui, confesso — disse o duque a MacAlister —, mas ainda bem que você, meu caro, é odiado o suficiente.

Mary Sullivan caminhou por entre os homens com uma pistola nas mãos e um garoto de cinco anos sendo puxado pela outra. O horror estampou-se na face outrora orgulhosa de MacAlister.

— John MacAlister — disse Mary Sullivan — assassinou covardemente Charles Sullivan, meu pai, William e Mercy Sullivan, meus irmãos. Violador de mulheres. Traidor! Eu o sentencio à morte!

Dizendo aquilo, Mary atirou na cabeça do filho de MacAlister, aterrorizando os próprios soldados ingleses.

— Ele é meu, caro duque! — Volveu Mary com o sangue do menino Owen MacAlister no rosto transtornado. — Sei que o senhor tem palavra! Eu quero John MacAlister!

Impassível, o duque fitou a mulher. Com um aceno de cabeça, o comandante cedeu o prisioneiro à fúria de Mary Sullivan. O enlouquecido John MacAlister, amarrado, tentava desvencilhar-se em vão. Seus parentes capturados buscavam no líder alguma esperança, mas nada recebiam, apenas o desespero de um pai que testemunhara impotente a morte do filho. Os homens do clã viram suas mulheres, capturadas pelas forças inglesas, serem violentadas, e suas crianças espancadas. Por fim, após todo o horror, Mary pediu a Jim que trouxessem frei Duncan. O velho, que ouvira toda a ruína daquele belo lugar, chegou a passos lentos.

— Frei Duncan — disse Mary —, um dia, o senhor me ajudou. É um homem livre agora.

— Livre, minha filha? — indagou o frade, observando toda a destruição. — Não. Jamais terei paz enquanto você não se arrepender do que fez aqui. Sinto-me culpado. Talvez, se eu tivesse feito mais por você, certamente, não teria se tornado a criatura que está à minha frente.

— Cuidado, frei — disse Mary após dar uma tapa no rosto de Duncan. — Hoje, cumpri com meu desejo de vingança! Posso matá-lo!

— Me mate! — disse o ancião. — Mas poupe as mulheres e as crianças. John MacAlister está morto. Poupe os fracos.

— Eles me perseguirão — retrucou a mulher.

— Mande-os para a América — insistiu o frei.

Mary pensou nas palavras do padre. Seu ódio era apenas por MacAlister. Cometera crimes gravíssimos para chegar aonde estava. Depois da destruição de tudo que seu inimigo representava, desejava casar-se com Jim Thatcher e viver em paz. Assim ela acreditava.

— Você levará esses maltrapilhos para a América — rosnou Mary —, mas os homens morrerão aqui.

Cabisbaixo, frei Duncan anuiu. Jim, que assistira à conversa, não mais reconhecia a mulher que amava. Ele sabia da história trágica de Mary e tecera com ela os planos de vingança. Agora, o cruel soldado temia a própria mulher.

— Não posso garantir que o duque permita que essa gente viva — comentou Mary —, mas tentarei.

Os soldados, após a violência generalizada contra as mulheres e crianças, arrebanharam-nas, e frei Duncan as amparou como pôde. Jim, a pedido de Mary, perfilou os homens do clã MacAlister. Seriam fuzilados. Mais uma vez, frei Duncan tentou interceder, buscando dar a extrema-unção aos condenados, mas Mary o impediu.

— Não haverá paz para você, Mary Sullivan! — gritou John MacAlister. — Eu não devia ter a poupado! Esse foi meu erro! Não lhe darei paz, mesmo morto! Deus é minha testemunha! Seu útero será seco e seus dias serão cinzentos! E, quando for ao inferno, eu serei seu carcereiro!

A voz possante de John MacAlister ecoou pelas escarpas daquele lugar. Alguns soldados engoliram em seco. Jim ordenou aos carrascos que disparassem, sob a gargalhada estridente e maligna de Mary.

O benfeitor espiritual, João, piscou. Aquelas recordações tristes vibravam em seu ser. Ele, como frei Duncan, guiou para o porto os sobreviventes, que, como desterrados, foram para a costa do país que hoje se chama Estados Unidos da América. Ele próprio desencarnou ao chegar ao porto do Novo Mundo, de febre. O frei não pudera proteger como queria as vítimas da fúria de Mary Sullivan. A entidade também sabia que a guerra de vingança não acabaria nas frias montanhas das Terras Altas escocesas. Como Mary Sullivan, John MacAlister também revidaria. Após aquela guerra, Jim Thatcher abandonou Mary. Passou a achá-la louca desde o assassinato de MacAlister, e todo o encanto acabou-se. Não suportando fitar a bela companheira escocesa, quem iniciara a relação, em verdade, o jovem oficial inglês partiu para uma missão no País de Gales com a ajuda do tio.

Abandonada no sul da Escócia, Mary Sullivan amaldiçoou o amante e o temível duque. Malvista na terra natal, a torturada mulher chegou ao norte da Inglaterra caminhando, longe das estradas, e roubando a comida que podia nos sítios que atravessava. Acabou por prostituir-se. A cada dia que passava, desde o massacre que liderara nas Terras Altas escocesas, vozes rudes erguiam-se contra Mary, que gritava de volta, assustando as companheiras de vida e até mesmo seus clientes, cada vez mais de classe inferior. A sensação de ser vigiada e seguida era cada vez mais opressora. A incrível beleza da ruiva escocesa deu lugar a um corpo macilento, marcado pela fadiga e pelo tormento mental. O alcoolismo logo surgiu na vida de Mary, que, em sua loucura, após três anos da Batalha de Culloden, no imundo bordel onde trabalhava, se enforcou.

Essa era a história da encarnação de Lúcia, de quando se deu o grande confronto com John MacAlister e a origem do terrível quadro obsessivo que acometia a moça. A veneranda entidade, ainda fitando a jovem desdobrada, observou Carlos levando-a embora para seu veículo físico. A alvorada chegava, luminosa.

— Há esperança! — disse João para si mesmo.

CAPÍTULO DOZE

— Eneida, o que acha de Atílio? — perguntou Lúcia à companheira enquanto lanchavam no intervalo da escola. — Acho Atílio lindo!

Nos dias que se seguiram à desobsessão de Lúcia no centro espírita, a jovem desabrochou. Tornara-se mais falante e vivaz, mesmo com os medicamentos alopáticos que ingeria por determinação médica.

— Atílio nunca daria atenção a você — retrucou a amiga. — Ele vive cercado de garotas... — A jovem olhou para os lados cuidadosamente. — Você sabe que ele está metido com os subversivos?

Lúcia fez uma careta. Não sabia. Ir à escola sempre fora um grande sacrifício para ela. Vozes que surgiam do nada, vultos por todos os cantos. Sem falar no monumental desgaste físico que os remédios psiquiátricos lhe causavam e não permitiam que Lúcia tivesse uma vida escolar sadia, sempre marcada, ainda por cima, por notas sempre medianas.

Fora logo na segunda-feira seguinte à sessão espírita que finalmente começara a reparar nos colegas de escola, sobretudo nos garotos. Eneida, por sua vez, era a única amiga que a moça tinha desde a infância.

— Dizem que, quando nos formarmos — prosseguiu Eneida —, Atílio será incorporado no exército como espião dos subversivos.

— E como você sabe disso? — indagou Lúcia, curiosa.

— Ouvi por aí — volveu Eneida. — Acho melhor você achar outro "muso" inspirador.

As duas riram. Lúcia jamais se sentira tão bem. Levava a sério as orientações dadas por Pacheco e Irineu. Além disso, sentia-se vigiada por Carlos e Antônio, conseguindo notar a presença de cada um deles. Sentia saudade, porém, de João.

Em suas preces, chamava pelo bondoso mentor e ouvia de Carlos a informação de que o mentor estava de serviço em outro lugar. Nada mais o protetor dizia, e isso irritava Lúcia profundamente. Carlos, por sua vez, lembrava a protegida da importância de manter o padrão vibratório elevado.

Assim eram os dias de Lúcia. Glória e Paulo, por sua vez, enfrentavam a preocupação de sustentar o lar. Ainda desempregado, o homem abraçava sofregamente o cigarro e o álcool, dificultando o trabalho dos bons espíritos. Coube ao próprio benfeitor Flecheiro aproximar-se de Paulo, em desdobramento provocado pelo sono ébrio, e chamar duramente a atenção do reencarnado angustiado. Flecheiro, como Lúcia viria a saber em dias vindouros, não era um poeta dotado de profundas palavras como João, mas era um comandante de almas, solidamente devotado ao bem e detentor de imensurável amor e sabedoria. Mediante a intervenção do mentor de aparência indígena, Paulo, ainda que por alguns dias, diminuiu o cigarro e deixou de gastar o pouco de dinheiro que restara com a bebida, para alívio de Glória.

— Agora, Paulo tem condição de estar apto ao emprego que lhe arranjamos — disse Flecheiro aos auxiliares. — Irei acompanhá-lo na entrevista que surgirá amanhã para nosso teimoso protegido.

O dia raiou, e o telefone, patrimônio que Paulo pusera à venda, pois, à época da história, a linha telefônica era um bem valorizado, tocou. Glória atendeu rapidamente, e um senhor chamado Alcântara desejava falar com Paulo.

A passos lentos e temeroso de ser algum vendedor, o pai de Lúcia tomou o telefone. Flecheiro, conforme havia prometido, estava ao lado do homem.

Tentando esconder a voz embargada, Paulo colocou o aparelho no gancho e fitou a esposa. Um sorriso surgiu no rosto do chefe da família.

— Consegui um trabalho! — disse Paulo, recebendo poderosos influxos magnéticos do benfeitor. — Não é o que sempre fiz, mas é algo que posso aprender. Quem sabe, é temporário, e logo volto à minha carreira!

— O que é, pai? — indagou Lúcia, saindo do banheiro e vestindo o uniforme escolar. — Fale logo!

— Serei chofer de táxi — disse Paulo. — Não paga muito, mas é melhor do que nada. Irei aturar o trânsito louco do Rio de Janeiro...

— Está ótimo! — exclamou Glória, abraçando o esposo e recebendo o magnetismo de Flecheiro. — É um trabalho digno! Meu Deus, que sonho! Que semana maravilhosa!

Lúcia correu até os pais comovidos e abraçou-os. A jovem sabia que aquele acontecimento era graças à intervenção dos bons espíritos e cabia a ela e a seus pais manterem a alegria de viver, as preces e a vigilância mental para garantir que aquele estado perdurasse.

CAPÍTULO TREZE

Novamente, sexta-feira. Naquele dia, Paulo foi se encontrar com Alcântara, um veterano taxista que sentia fortemente o peso da idade para atuar como chofer. Havia anos, o motorista, que residia no Andaraí, conhecia Paulo, fazendo algumas corridas para o então funcionário da famosa gráfica que o demitira. Assim que soube que Paulo estava desempregado, o honesto taxista, com a sugestão dos auxiliares de Flecheiro, pensou em propor ao desempregado um negócio em que o pai de Lúcia pagaria um valor justo todas as semanas ao homem mais velho.

Lúcia, por sua vez, ansiava para que as aulas acabassem logo. Ao cair da tarde, regressaria com sua mãe ao centro espírita. Eneida, que sabia de tudo o que ocorrera com sua amiga, pediu para acompanhá-la.

— Não sei se pode — respondeu Lúcia. — Vou perguntar.

— Já fui a um grande centro com meus pais — volveu Eneida. — Achei bem legal, era ali no Engenho Novo. Não gravei o nome do lugar, mas tem nome de índio...

As aulas acabaram, e, a passos ligeiros, a jovem correu para casa. Sentia a presença de Carlos, como sempre. No lar, Glória serviu um bom almoço à filha, coisa rara desde que o pai ficara desempregado, por razão de economia.

— Mãe — indagou Lúcia—, o senhor Pacheco ligou?

— Não — respondeu a mulher.

— Achei estranho, pois não imaginei que ele e o senhor Irineu não nos procurariam ao longo da semana.

— Eles não são babás — disse Carlos ao ouvido de Lúcia. — Eles as acompanham de longe. Nós nos reportamos, sabia? Pacheco, Irineu e os demais servidores que estão na carne precisam resolver os próprios assuntos. Pense nisso antes de vibrar mal para alguém que não estiver perto de você.

— Desculpa! — volveu Lúcia, atrevida. — Eu não sabia! Você não falou nada antes!

— Quê, minha filha?! — exclamou Glória.

Com a face vermelha, Lúcia silenciou. Carlos riu discretamente e permitiu-se ser visto pela protegida. Ver o espírito protetor tranquilizou a jovem, pois o olhar aturdido de sua mãe a assustara bastante. Por um átimo de segundo, Lúcia pensou que sua mãe fosse buscar os tranquilizantes para que ela tomasse, mesmo fora do horário.

— Pensei alto, mãe — disse Lúcia. — Me desculpe. Estou tentando controlar meus pensamentos e minhas atitudes. — A jovem, então, sorriu para Glória e sorveu um bom gole de suco de caju. — Estou vencendo meus desafios internos, mãezinha. Com sua ajuda!

— Será que devemos ir ao centro hoje? — perguntou Glória.

— Sim, devemos — respondeu Lúcia. — Fez muito bem para mim e para a senhora. Acredito que foi muito bom para o papai também, ainda que ele tenha ficado em casa. — Levantando-se para lavar os pratos, a moça prosseguiu: — O senhor Pacheco deve ter tido uma semana cheia. Ele, nós percebemos, é um homem muito importante. Sei que ele não se esqueceu de nós e nem o senhor Irineu e a dona Balbina!

— Bem — atalhou Glória —, agora vá fazer o dever de casa. Sairemos na mesma hora da semana passada.

Enquanto sua filha caminhava para a mesa que havia na sala, Glória a observou. Realmente, aquela semana fora mágica. Dias leves, marcados apenas pela tristeza de Paulo, mas, repentinamente, até mesmo seu marido fora afetado pela bonança. Em silenciosa oração, Glória agradeceu a Deus, à Nossa Senhora da Conceição e a São Jorge.

Mais tarde, na hora aprazada, Glória e Lúcia sentaram-se nas cadeiras simples da modesta instituição espírita. Trocaram sorrisos e cumprimentos com Balbina, Cláudia e Mário. Pacheco e Irineu, que haviam passado o dia juntos tratando de negócios, chegaram quinze minutos antes da palestra, agora proferida pelo confrade Márcio Valadares, e um discreto aceno foi dirigido às duas mulheres pelos distintos cavalheiros.

Inspirado diretamente por Lucas, Márcio, o mentor do centro, de semblante alegre e ligeiramente descontraído, cerrou os olhos por alguns segundos.

— Irmãos e irmãs — disse o jovem orador —, que bom que estamos aqui! Depois de tantos desafios do dia a dia, viemos a esta modesta casa falar mais do cotidiano. Mas falaremos da vida comum sob os olhares da doutrina dos espíritos. — Após fitar rapidamente os presentes encarnados ali, prosseguiu: — Imaginamos que Jesus, nosso Mestre, fosse um senhor sério, austero. Dificilmente pensamos em Jesus sorrindo, não é mesmo? Vamos fazer um exercício mental! Visualizemos o Mestre no casamento em Caná, em que transmutou água em vinho. Que ensinamentos preciosos para nós! Podemos refletir sobre a capacidade do Mestre dos Mestres em manipular o fluido universal? Sim. Mas sabiam que isso é o menos importante?

Com aquelas perguntas, os presentes arregalaram os olhos, surpresos. Lúcia ouviu a risada de Carlos do seu lado esquerdo, e seus olhos viraram-se para o lado direito. João, o bondoso mentor, estava ali bem ao lado da jovem protegida. Com um sorriso discreto nos lábios, a entidade indicou que Lúcia voltasse sua atenção à narrativa do orador.

— O mais importante dessa passagem, que está no Novo Testamento — prosseguiu Márcio —, é percebermos que Jesus estava dançando numa festa em uma ocasião muito alegre! Jesus, com certeza, estava cantando, pois a tradição dos judeus é cheia de música! Jesus, o governador de nosso mundo, estava aproveitando o bom momento da vida. Vejamos, meus irmãos, num cenário desse é possível visualizar o Cristo de expressão triste ou emburrada? — O expositor fez uma pausa. — Alguém poderia dizer: Jesus não está para brincadeiras, afinal, ele tem a tarefa de conduzir um rebanho rebelde para um patamar melhor... Ele, no mínimo, estava fingindo alegria, pois muito sofria pela humanidade... — Márcio silenciou e percebeu que duas senhoras visivelmente concordavam com aquela hipótese. — Bem, consideremos que Jesus veio cumprir a Lei Divina, que está bem explicadinha lá em *O Livro dos Espíritos*. Jesus de Nazaré, maior espírito de nosso mundo e que, sob a ótica espírita, não poderia mentir, uma vez que a mentira é defeito moral, marca da imperfeição. E seria muita hipocrisia de Jesus estar em uma festa e não a aproveitar, só porque o mundo é imperfeito. O fato de Jesus festejar nos implica muitas informações. Primeiro: ele nos mostra que devemos valorizar todos os momentos felizes, para que, nos momentos de tristeza, busquemos força nas recordações de alegria. Segundo: Jesus ensina que para tudo existe o momento certo: a hora de trabalhar, estudar, descansar e, sim, festejar. Terceiro: em cima do que falei antes, no "festejar", podemos ter outra certeza vinda dessa passagem do casamento: Jesus nos ensina a moderação. Não devemos cometer excessos só pelo fato de estarmos em uma comemoração. Alegria, sim! Embriaguez, não! É na busca do prazer descontrolado que reside nossa ruína orgânica e espiritual.

Lúcia ouvia embevecida a palestra dinâmica de Márcio. Ele era um pouco mais velho do que ela, e a desenvoltura do rapaz era cativante. As palavras do orador reverberavam em seu espírito imperfeito.

— Nunca deixemos de lado os momentos de alegria — disse Márcio. — Casamentos, aniversários, natais... precisamos desse fôlego! Mas saibamos reconhecer os excessos, aos quais todos aqui têm predisposição, do neném ao velhinho. Não viemos a esta encarnação a passeio, mas para o trabalho duro de edificação moral. Graças a Deus que, em meio ao trabalho duro, tenhamos a possibilidade de um descanso e de momentos de alegria e refazimento...

A hora de a palestra encerrar-se chegara. Márcio, orientado por Lucas, agradeceu o momento e a atenção de todos. A explanação fora um sucesso.

CAPÍTULO QUATORZE

Como na semana anterior, as pessoas caminharam para as outras atividades da instituição. Pacheco e Irineu, após um novo e sutil cumprimento às duas mulheres, foram para o aposento dedicado à desobsessão. Glória e sua filha destinaram-se ao estudo do livro *O Evangelho Segundo o Espiritismo.*

Toda a equipe de desobsessão, assessorada pelo grande número de benfeitores ligados ao centro espírita, orava fervorosamente. Aquela etapa dos trabalhos iria começar. As evocações e os diálogos começaram. Irmãos desencarnados, em legítimo sofrimento, foram sendo encaminhados um a um, enquanto uma grande malta permanecia nos arredores da instituição e alguns ainda guardavam fortes impressões sobre a palestra ouvida. As orações e as noções evangélicas do estudo do grande livro da Codificação Espírita, que se desenrolavam naquele instante, levavam aos bandos os desorientados por meio de aparelhos plasmados pelos auxiliares de Lucas. Vigilantes, entidades, guardas e enfermeiras postavam-se à vista dos espíritos atormentados.

Por fim, o caso de Lúcia iniciou-se. Os médiuns reforçaram as preces e vibrações. Duas entidades manifestaram-se e renderam-se à lucidez das palavras de Irineu e Pacheco. O serviço foi encerrado.

— Não achem que o caso de Lúcia tenha simples solução — disse Lucas por meio de Balbina. — Os que passaram hoje por aqui, pela Graça de Deus, eram de menor patente e já vinham balançando na direção de Jesus. O perigoso líder, que se opõe ao encaminhamento de nossa protegida, está encastelado em seu território plasmado à custa de muito ódio. Estejamos todos atentos!

Os membros reencarnados da equipe ouviram atentamente o alerta do benfeitor. Eram todos veteranos naquele ofício, mas sabiam que a imperfeição que possuíam poderia levá-los à ruína moral. Entendiam o que Lucas queria dizer. Por experiência própria, os membros da equipe de desobsessão deveria redobrar os esforços para manter o padrão vibratório elevado e reforçar a paciência com amigos e familiares com quem conviviam, pois John MacAlister, em sua fúria, ao ver que seus adversários estavam se precavendo contra ele, certamente iria lançar seus capangas sobre os amores dos dedicados médiuns, que, porventura, estivessem alheios à guerra que se desenrolava ou com baixo teor vibratório.

Pacheco e Irineu encontraram as protegidas tomando um café e conversando animadamente. Tinham participado do estudo acerca do capítulo 17 de *O Evangelho Segundo o Espiritismo*, que fala sobre o reconhecimento do verdadeiro espírita.

— Boa noite, senhores! — disse Glória aos dois cavalheiros. — Mais uma noite excelente de uma semana excelente!

— Que bom! — Sorriu Pacheco. — É fruto do empenho das senhoras em seguir o combinado. Oração e vigilância sempre!

— Meu pai arrumou um emprego! — atalhou Lúcia.

— Agradeçamos a Jesus e aos benfeitores espirituais — disse Irineu. — É obra deles. Seu pai deverá manter essa graça.

Pacheco e Irineu entreolharam-se, e mãe e filha silenciaram. Sabiam que havia algo que os doutrinadores precisavam falar.

— Novamente, surgiram irmãos em sofrimento que estavam perseguindo a jovem Lúcia — disse Pacheco. — Eles foram encaminhados e não voltarão por um bom tempo. — O nobre cavalheiro observou que Lúcia apertava os próprios dedos, subitamente nervosa. — Como dissemos antes, o processo desobssessivo de Lúcia será longo. Não pensemos que o fato de uma semana incrível seja o sinal de que os problemas tenham sido eliminados.

— Não entendo, senhor Pacheco — interrompeu Glória. — Voltaremos ao inferno de antes?

— Não se pudermos, todos juntos, evitar — respondeu Pacheco com firmeza. — Vejam, irmãs, as trevas são altamente inteligentes e conhecem todas as nossas fraquezas. Ganhamos duas batalhas de uma longa guerra que se arrasta há séculos. Quando os obsessores não conseguem diretamente nos afetar, buscam quem vive conosco e não vigia os pensamentos. Se essa pessoa a quem amamos não se preocupa em mudar seus pensamentos para melhor, torna-se presa fácil para os adversários. E se a pessoa cair, a chance de cairmos também é alta.

— Isso faz sentido — disse Lúcia à sua mãe.

— Por isso, seu pai perdeu o emprego, certamente — considerou Irineu. — Para aprofundar suas crises e acabar definitivamente com a paz de seu lar. Por essa razão, a desobsessão nunca é para uma pessoa só; na verdade, é mas para todo o núcleo familiar. Os benfeitores espirituais atuam sobre todos em sua casa.

Uma discreta lágrima surgira no olhar de Glória. Aí estava a resposta da súbita derrocada de seu amado esposo, mas também de seu reerguimento.

— Não é possível mantermos cem por cento do tempo sintonizados com a espiritualidade amiga — asseverou Irineu, sob o influxo magnético de João. — Nenhum ser vivente é capaz. Por isso, é necessária a vigilância dos pensamentos. Temos de nos manter atentos para o caso de uma súbita queda. Nesse milésimo de segundo, as trevas atacam.

— O que fazer, caso essa queda ocorra? — indagou Lúcia, que conhecia perfeitamente seu temperamento explosivo.

— Orar — respondeu Irineu. — Ocupar a mente com coisas positivas. Desenvolver a paciência necessária para se ter uma vida serena, o que não é fácil para ninguém que esteja reencarnado neste mundo! Como as senhoras estudaram hoje, o verdadeiro espírita, ou melhor, filho de Deus, está no sincero ato de se esforçar pela melhoria mental.

CAPÍTULO QUINZE

Caminhava a passos largos em seu castelo escuro, erguido havia muito tempo por poderosa vontade. Havia muito ocupava aquele lugar sombrio, pois fazia anos sem conta que seu construtor desaparecera. Graças à própria capacidade mental, mantivera aquela fortificação. Era ali que vivia com uma malta de espíritos cruéis, e, poucas vezes, o infeliz senhor daquele lugar saía de seus domínios.

John MacAlister parou sua dolorosa caminhada. Um dos seus servos, um homem chamado Murray, aproximou-se e fez-lhe uma ridícula reverência. Ele fora arregimentado às forças de MacAlister havia algumas décadas. Murray fora um assassino cruel e violador de mulheres na virada do século vinte.

— Outra batalha, milorde — disse Murray. — Teremos mais baixas. O Grande Selvagem e o Capitão Negro foram vistos.

John MacAlister sabia que o serviçal se referia a Flecheiro e a Antônio, que lideravam vários espíritos nas zonas umbralinas, resgatando inúmeros sofredores e afastando os espíritos cruéis. O senhor da fortaleza não temia os dois servidores da luz. Já recuara do confronto com eles, mas já os fizera ir embora, em sua mente distorcida, algumas vezes. Odiava muito mais Suzana e João, que, muitas vezes, se infiltravam em seu reino e levavam para longe seus servos.

— Perderemos só os fracos — resmungou MacAlister. — Isso aumenta nossa vontade de nos vingar! Aqui temos a liberdade que não conhecemos na carne. Indo com os lacaios de Suzana, conheceremos a prisão e a agonia.

— O senhor manterá o plano? — indagou Murray, que fora tirado dos serviços junto à família de Lúcia.

— Sim — asseverou o implacável chefe daquela tenebrosa falange. — Deixemos nossos inimigos pensarem que estamos amedrontados e desarticulados. A criatura que se chama hoje Lúcia voltará para mim e será castigada eternamente! E traremos ainda em minhas correntes os pais dessa degenerada! — O sorriso de dentes podres e afiados de MacAlister abriu-se medonhamente ante Murray. — Verei João sucumbir ao ódio e desespero! E não se dirá que anjos não possam se corromper, tal como se diz no Velho Testamento!

MacAlister caminhou até a estreita janela que estava próxima dele, observou o céu permanentemente escuro e fitou os casebres das entidades as quais chamava de servos. Mais além, os muros altos e ameaçadores. Havia muito ligara-se à malta de entidades vinculadas aos vícios de toda ordem: entorpecentes, sexo desregrado, poder. Vendia seus serviços a tolos reencarnados por meio de outros espíritos hábeis da hipnose e do magnetismo, e com isso suas correntes de submissão iam longe. Ele não sabia, mas em seu histórico existencial sempre buscara o poder absoluto ao longo dos milênios e, em suas derrotas, buscava sempre um culpado para dedicar vingança. Recebera e desperdiçara a oportunidade reencarnatória na Escócia do século 18 e desde então aumentara largamente seus débitos.

— Sempre venci meus inimigos — rosnou MacAlister. — Vencerei todos os meus inimigos que protegem Mary Sullivan. Você voltará para sua corrente, Mary!

CAPÍTULO
DEZESSEIS

No sábado, pela manhã, Paulo e Glória conduziram Lúcia ao consultório do médico psiquiatra, que se localizava na rua Dias da Cruz, no Méier. Uma estranha sensação tomava a jovem, que não conseguia divisar seus amigos espirituais, embora soubesse que eles estavam por perto.

— Bem, espero que o doutor Miranda possa reavaliar seus remédios! — disse Paulo, tentando conter o entusiasmo que o tomara desde a quinta-feira.

A família cumprimentou a secretária do médico e aguardou o momento do atendimento. Lúcia percebia a angústia que imperava no lugar graças às vibrações emanadas pelas pessoas que passavam por ali. A moça também considerou que muito contribuíra para a energia desequilibrada do consultório. Aquele pensamento a motivou a tecer uma silenciosa e singela prece. Imediatamente, pareceu que a sombria sala adquirira um súbito frescor, fazendo seus pais retomarem o ar esperançoso. Até mesmo Maria Rita, a secretária, ficou com o semblante menos carregado.

— Seja a brisa suave sempre onde estiver — disse uma velhinha a Lúcia, surgindo subitamente pela porta da rua e indo em direção ao consultório do doutor Miranda. — Esse é o trabalho de quem se compromete com o Cristo!

A simpática entidade lançou um sorriso para a jovem e atravessou celeremente a parede antes que Lúcia esboçasse qualquer reação. Em poucos minutos, a secretária solicitou que a família entrasse.

Miranda, médico veterano, fitou friamente a família. Seus olhos estavam fixos no prontuário de Lúcia. As profundas rugas do psiquiatra estavam imóveis, e a jovem costumava, desde que podia se lembrar, compará-las aos grandes cânions que vira nos livros de geografia. Tentando manter o padrão vibratório por meio do otimismo, a jovem lembrou-se de que detestava aquele homem que fazia maquinalmente seu trabalho. Lúcia chamava mentalmente por João, Carlos e até mesmo pelo austero Antônio, mas em vão. Só viu a entidade feminina que falara com ela. Aquela dama espiritual, em verdade, estava ao lado de Miranda. Era ela, soube Lúcia, a mentora do psiquiatra, embora jamais a tivesse visto.

Ao captar as palavras mentais de Lúcia, a entidade de aparência bondosa voltou seu olhar brilhante para a jovem e sorriu.

— Você sempre teve mediunidade — disse a benfeitora —, mas não tinha condições de usá-la adequadamente. Tudo tem seu tempo.

— Bem — disse secamente Miranda, sem qualquer sinal de simpatia —, como você tem passado, Lúcia?

Esse era Miranda. Seco. Fulminante. Seus olhos fundos, escudados por pesados óculos, pareciam devassar a alma de Lúcia.

— Estou muito bem! — respondeu Lúcia, tentando parecer confiante. — Não ouço mais as vozes. Sinto-me saudável, com energia.

— Você não falou das alucinações — interrompeu o psiquiatra. — Não tem tido visões de homens tentando matá-la?

— Não — disparou a jovem.

— Uma cura súbita? — volveu Miranda, aumentando a intensidade de seu olhar. — Um milagre?

— Estou seguindo o tratamento — comentou Lúcia.

— Já vi muitos mentirosos na vida, minha criança — retrucou Miranda, pondo calmamente o prontuário sobre a mesa. — Entende qual é o meu trabalho, não é? Faz um mês que esteve aqui. Gritando. Agitada. Assustada. — Miranda ignorou completamente a presença de Glória e Paulo, que se encolhiam em suas cadeiras como era de costume. Mais de uma vez, tentou me agredir ou fugir da consulta. E, pela sua postura de agora, me parece que não tem tomado seus remédios.

Os olhos frios e implacáveis de Miranda saíram de Lúcia para Glória. Era a grande tarefa daquela mulher, segundo as concepções do psiquiatra, de Paulo e de grande parte da sociedade brasileira daquela época cuidar de Lúcia.

— Ela tomou os remédios — disse Glória, com a voz inicialmente trêmula, até que uma força, vinda de seu íntimo, despertou. — Até que eu achei melhor parar de obrigar minha filha a ingerir remédios que a tornavam um vegetal. E eis Lúcia aqui.

Lúcia fitou sua mãe. Somente dias após a primeira desobsessão, à revelia de seus pais, a jovem passara a descartar os remédios pelo vaso sanitário.

— Tínhamos de saber se minha filha estava refém dos remédios — sentenciou Glória, sustentando o duríssimo olhar do psiquiatra pela primeira vez.

— Esse papel é meu! — volveu Miranda, sem alterar a voz, mas Lúcia percebeu que as profundas rugas do velho médico estavam ligeiramente arqueadas. — Você poderia ter causado uma tragédia absolutamente fatal!

Lúcia observou a benfeitora espiritual aconselhar o doutor Miranda. Por alguns segundos, o psiquiatra silenciou, e seu olhar deslocou-se para uma planta que estava no canto do consultório.

— Vou examiná-la — disse Miranda, secamente. — Vejamos como você responde, menina.

Com um gesto, Miranda dispensou Paulo, que retornou para a antessala, e Glória sentou-se em outra cadeira mais afastada. Lúcia deitou-se num velho divã, e Miranda posicionou-se ao seu lado. O exame foi mais detalhado e longo do que o normal. Hipnose foi uma das técnicas que o hábil psiquiatra utilizou. O doutor Miranda era um dos discípulos de Sigmund Freud, embora tivesse bebido de outras fontes. Por fim, chamando Paulo para retornar, Miranda, com sua postura pétrea, encarou novamente Lúcia.

— Vou suspender oficialmente os medicamentos — disse ele, secamente. — Me pergunto se adiantaria prescrever mais alguma coisa para você, não é? — O olhar de Miranda pousou rapidamente em Glória. — Mas deixem guardados os frascos que já têm. Para emergências.

— O senhor já viu uma melhora de um paciente dessa forma? — indagou Paulo, vacilante.

— Melhora sincera? — indagou o psiquiatra. — Uma melhora que não era fingimento de uma mente ardilosa? Não. Não em trinta e nove anos de prática quase diária.

Com um gesto, doutor Miranda indicou a saída para a família. O psiquiatra iria remoer seus pensamentos acerca de sua paciente. Era ele um homem duro e pragmático, mas não costumava deixar de fora nenhuma possibilidade. E se sua jovem paciente, que conhecia desde os doze anos, estivesse realmente curada?

Na calçada da turbulenta Rua Dias da Cruz, mãe e filha entreolharam-se. Paulo ainda estava atônito.

— Eu sabia que você não iria obedecer ao conselho do senhor Pacheco em continuar o tratamento médico — disse Glória com os olhos marejados.

— Eu te amo, mãe — disparou Lúcia abraçando a genitora.

CAPÍTULO DEZESSETE

Caminhava, inconteste, por entre as maltas de sofredores de todos os matizes. Abençoava, silenciosamente, cada infeliz com quem cruzava. Sabia ele que muitos que vibravam rasteiramente no plano existencial, que se chamava de zonas umbralinas, e eram incapazes de perceber sua veneranda presença ali.

João cruzou as árvores deformadas plasmadas pelo tônus vibratório dos espíritos que vagavam aturdidos. Naquela zona umbralina densa, o benfeitor espiritual divisou, entre estranhas brumas, a fortaleza onde MacAlister erguera seu reino. Um rosnado inumano fez João virar-se. Uma triste criatura, que outrora vergara o corpo físico de um homem, estava com a intenção de atacá-lo. O ensandecido espírito, apegado a um sem-número de vícios e reduzido à aparência perispiritual de algo similar a um lobo com braços humanizados, batia com as mãos deformadas no chão.

— Meu irmão — disse João, sorrindo —, Deus o abençoe! Já chega desse sofrimento! Não cansou de sentir dor? Não sente falta de ser amado?

João deu um passo na direção da fera espiritual, que parecia não compreender suas palavras. Mesmo naquela região umbralina, criada pelas tóxicas emanações mentais dos seres caídos, o olhar de João trazia uma claridade bendita. Fugindo da luz dos olhos do emissário do Cristo, a entidade infeliz sentia o poderoso influxo magnético de João.

— Eu posso ajudá-lo — disse João. — Aceite minha ajuda!

Uivando, o espírito com a aparência perispiritual animalesca recuou e desapareceu nas brumas. João orou por aquela entidade que impunha a si mesmo o grande sofrimento pelo qual passava. Que dramas aquele espírito deformado vivenciava!

Retomando o curso de sua missão, João, solitário, caminhou até os portões da fortaleza de John MacAlister. Sabia, havia muito, que o senhor daquele lugar tinha ciência de sua chegada. Imóvel, ele esperou. Percebia que as amuradas estavam cheias de entidades trevosas, com suas armas plasmadas do fluido universal apontadas para ele. João, porém, não sentia medo, pois o amor do Cristo o guiava. Já aqueles que se intitulavam seus inimigos quase se rendiam ao pânico absoluto. Se tais entidades caídas temiam o altivo Flecheiro, cujo semblante de chefe guerreiro amedrontava a muitos obsessores, a aparência humilde e frágil de João causava forte abalo nas forças de MacAlister e de muitos outros líderes das trevas.

O portão reforçado da fortaleza abriu-se. Gritos e assovios ecoaram. João orou. John MacAlister, com uma longa espada em suas mãos, surgiu ladeado por dois auxiliares trazendo tochas. O homem, que vivera em sua última reencarnação na Escócia, apresentava-se em trajes típicos: o saiote chamado *kilt*, uma placa de metal em seu tronco e os longos cabelos loiros, sujos e falhados, presos em um rabo de cavalo. O semblante de MacAlister era horrendo, fruto do ódio que sentia.

— Deus o abençoe, meu irmão — disse João, com sinceridade. — Venho conversar com você.

— Traidor! — volveu MacAlister. — Roubou Mary Sullivan de mim novamente. Acha que sairá daqui incólume?

A gargalhada de MacAlister ecoou estridente. O temível obsessor sentia-se no controle absoluto da situação. Seus asseclas responderam à gargalhada do mestre com mais gritos e assovios.

— Já me deu ingratidão por tempo demais, frei Duncan, João ou seja lá como se chama agora e com essa cara preta. — A carantonha de MacAlister faria recuar o mais bravo dos homens, menos entidades serenas como João. — Vou prendê-lo em minhas masmorras!

Erguendo a espada, MacAlister avançou contra João. Sem mover-se, o benfeitor espiritual fez o espírito caído cessar seu avanço. O poder magnético de João era tremendo, e MacAlister recordava-se disso.

— Eu quero que deixe Lúcia de lado — disparou João. — Ela quer crescer. Deixe-a! Ela vai prestar contas com a própria consciência.

— Mary Sullivan não tem consciência — retrucou o outro, sem dar-se por vencido. — É meu direito a vingança!

— Olho por olho só resulta em cegueira. — Insistiu João. — Olhe para você! Quebrado. Sofre imensamente! E há muito pecado em você! Renda-se ao bom senso!

— Eu me vingarei de Sullivan pela eternidade — repetiu MacAlister — e o alcançarei também! Não importa que tipo de anjo seja!

— Você não pode tocar em Lúcia agora — prosseguiu João. — Ela tem consciência da dívida que tem e o que deve fazer para quitá-la. Lúcia conseguirá.

— Ela vai tentar! — Riu o espírito maligno. — Eu sei que vai. Ordenei aos meus soldados que lhe dessem folga. Então, toda a maldade que reside em Mary Sullivan irá aflorar. — Dando um passo para trás e ainda sentindo a força magnética de seu adversário, a entidade esboçou um sorriso apodrecido. — E, quando essa assassina vacilar, eu estarei lá! Assim já aconteceu, assim acontecerá novamente. Livre-arbítrio, frei Duncan! Livre-arbítrio!

João tinha a perfeita ciência da verdade que MacAlister jogara em sua face, mas não esboçou qualquer reação que entregasse a John aquilo que ele iria aceitar como vitória.

— Vim aqui para conversar com você, meu irmão — disse João —, exatamente sobre esses termos. Todos que você enviar para atacar Lúcia e sua família serão levados. — O mentor sabia que aquelas palavras causavam profundo impacto naquela malta de desajustados. — Lúcia vencerá! E, antes que você imagine, vocês dois travarão entendimento. No entanto, não da forma cruel que imagina, meu caro filho de Deus!

— Ela abrirá a porta para mim. — Insistiu MacAlister — ou um dos seus pais ou aliados. Mary Sullivan vai voltar para minha corrente!

— Se ela voltar para sua corrente — retrucou João, prático —, será por pouco tempo. A cada dia, Lúcia se fortalece. Ninguém retrocede na evolução moral! Se ela voltar para seu domínio, será por tão pouco tempo que você nem terá tempo de fechar sobre Lúcia o cadeado. Já foi assim da última vez! Assim sendo, enquanto ela abraça a redenção, você continua se afogando no lamaçal do ódio. Quando Lúcia abraçar, de fato, a angelitude e nada mais restar para quitar, você, meu irmão, continuará vivendo de sombras. Só você.

MacAlister não revidou. Seu rosnado era ameaçador, mas a entidade não esboçava qualquer reação. João afastou o olhar do grande obsessor e fitou o triste bando que se empilhava nas amuradas.

— Ninguém foi feito para sofrer eternamente, essa é a vontade de Deus — disse João aspergindo bálsamos. — Basta vocês quererem! Somos todos fadados à felicidade!

João, ao perceber que abalara a todos ali, aguardou que alguém quisesse partir com ele. Nenhuma daquelas entidades sofredoras, contudo, ousou passar por MacAlister. O emissário do Cristo, então, retirou-se, regressando ao Castelo da Esperança.

CAPÍTULO
DEZOITO

João estava cercado por uma atenciosa plateia. Ali estavam espíritos desencarnados que buscavam conhecimento, para que, um dia, pudessem servir, das mais variadas formas, nas zonas mais densas. Trabalhadores reencarnados, em desdobramento espiritual, também se reuniam à volta do nobre benfeitor. Ao lado de João, a veneranda Suzana e Clara ouviam atentamente o relato detalhado do que ocorrera ao sábio nas temíveis regiões espirituais governadas pela mão de ferro de John MacAlister. Os aprendizes, que somavam dezoito, ouviram espantados o relato de João.

— Irmão João — indagou Félix, que iniciara os estudos havia pouco tempo, ao encerramento da narrativa —, por que não dominou John MacAlister e o trouxe à força? Ele pode causar mal a muita gente?

João fitou o aprendiz de Clara com doçura. Ele mesmo, em um passado recuado, fizera aquela mesma pergunta. A bondosa entidade observou que a pergunta de Félix era a mesma de muitos dos alunos que ali estavam.

— A luz nunca é mais forte do que as trevas — iniciou João. — Eu poderia, sim, ter derrubado o infeliz MacAlister de seu trono e espalhado seus asseclas com uma irradiação. No entanto, o uso da força não deve ser ato comum. Naquela fortaleza, onde as mentes perturbadas se reúnem, há muito sofrimento, bem sabemos. Mas, aquele local, plasmado no espaço por eles próprios, serve também de ponto seguro para nós. Nós os vigiamos com mais facilidade. — João sorriu serenamente aos presentes. — John MacAlister é um espírito rebelde, muito violento. Ele não precisa de mais violência. Já está maduro para outro tipo de educação. Apenas precisa aprender a refletir, a pensar melhor. Veja, irmão Félix, MacAlister e nenhum de seus asseclas não chegaram ao dito "fundo do poço" em seu aspecto moral. — Caminhando por entre os atentos discípulos, o mentor aguardou alguns segundos para que os presentes pudessem refletir com calma. — Quando se chega ao "fundo do poço", o que resta?

— Olhar para cima — respondeu mãe Isaura, uma sacerdotisa da umbanda, que estava desdobrada e postara-se ao lado de Balbina.

— Exatamente! — anuiu João. — Cada um de nós só "olhou para cima", em termos morais, quando chegou ao "fundo do poço". Ocorre que, quando, finalmente, "olhamos para cima", temos informações fundamentais para que saibamos buscar a Luz Verdadeira, e não as luzes falhas que nos induzem a uma falsa esperança. — O benfeitor aguardou novamente. — Eu fui até MacAlister e seu grupo para semear pequenos grãos de mostarda. Bem pequenos, mas insistentes e imperecíveis. Nosso irmão infeliz já planejava deixar Lúcia, sua grande adversária, por um tempo sem sua influência. Tática comum de obsessores inteligentes, para dar ao perseguido uma falsa sensação de segurança. E, assim, ele vai continuar planejando. No entanto, a razão foi impregnada em sua mente. Ele me ouviu. Por mais louco que esteja, as palavras que eu disse estão guardadas, juntaram-se a outras, ditas em outros momentos e por outros irmãos, e se acumularão até que comecem a pesar. O que mais podemos observar dessa situação, irmão Félix?

Félix absorvera cada palavra do mentor. Conhecera o espiritismo em sua velhice orgânica e era verdadeiramente devotado ao pouco conhecimento que tinha da Codificação Espírita.

— MacAlister e seus asseclas irão, ainda que intimamente, refletir sobre a conversa que travaram — Raciocinou Félix. — Uma desobsessão sem médiuns, eu diria, e isso é mais comum de acontecer do que imaginamos na Terra. — O espírito que vivera sua última reencarnação em Portugal encontrou no olhar de João a concordância ao seu pensamento. — Quem sabe, um ou outro abandone a agonia autoimposta em um próximo encontro?

— Isso mesmo — comentou João.

— Mas o ambiente ajuda no estabelecimento de ideias — continuou Félix, diante dos companheiros de aprendizado. — Os sofredores podem, simplesmente, pôr de lado as ideias que o senhor levou. Mesmo que fiquem "sedimentadas" no íntimo de cada um, a falta de luz pode manter forte a ideia de sofrimento.

— Excelente! — João sorriu em contentamento pela argúcia do estudante espiritual. — O sofrimento sempre fala alto. Numa relação de violência, como a que se verifica em qualquer núcleo de entidades vinculadas ao mal, uma entidade sempre oprime outra. Não há amizade. Pode, sim, haver aliados por um tempo. Quando, por exemplo, um espírito infeliz fracassa em sua missão, ele é severamente castigado. O coitado não consegue ver um futuro promissor naquela situação. Sua vingança não virá. Sua necessidade de satisfação material não virá. As promessas mundanas se desafazem. Há apenas cansaço. Não há saída. Esse é o "fundo do poço". Nessas horas, as sementes de luz brilham. Podem brilhar fracamente, mas é o suficiente para libertar alguém. — O benfeitor contemplou a assembleia por alguns instantes. — Os umbrais são totalmente devassados pela mais fraca luz. Não há masmorra que impeça um servidor do Cristo de ir buscar um filho de Deus que "olhe para cima" e peça sinceramente por socorro.

— A Justiça Divina é para todos. — Disparou Geruza, uma das estudantes desencarnadas. — A Misericórdia Divina também!

João, com seus olhos luminosos, curvou-se ante seus alunos emocionados. A lição não fora só dada, mas compreendida.

CAPÍTULO DEZENOVE

Lúcia estava radiante. Suas notas melhoraram sensivelmente, e outras amizades, além da ofertada por Eneida, surgiram. A jovem de dezessete anos passara a trocar olhares com os rapazes de sua escola. Em seu lar, a inédita bonança se instalara, com Paulo e Glória incentivando os estudos doutrinários da filha. O motorista de táxi chegou a ir duas vezes às sessões no centro espírita e, após ciúme inicial de Pacheco por conta do carinho que sua filha e esposa nutriam pelo sóbrio cavalheiro, passou a respeitar o envelhecido senhor. Glória, por sua vez, não deixou de ir às missas dominicais com o marido, mas folheava as páginas de *O Evangelho Segundo o Espiritismo*. O álcool, por orientação espiritual, desapareceu da casa da família Correia. Paulo e Glória tentavam parar de fumar, mas em vão.

— Você foi convidada para a festa na casa de Henrique? — indagou Eneida no intervalo das aulas.

— Sim! — respondeu a amiga, feliz. — Eu gaguejei, mas disse que iria.

— Iremos juntas, então — continuou Eneida. — Patrícia, irmã dele, me chamou também! Henrique é lindo! Parece um artista de novela!

As duas jovens suspiraram. Lúcia sentia que estava no paraíso. Para ela, a desobsessão fora encerrada, mas a jovem recebia firmes alertas do irmão Lucas e de Balbina, que se encarregavam de passar algumas noções de espiritismo à jovem junto com outros iniciantes, aos sábados de manhã.

— Já sabe o que irá vestir? — perguntou Lúcia.

— Ainda não! — exclamou Eneida. — Nunca fui convidada para uma festa!

— Nem eu! — Disparou a amiga.

As duas deram gostosas gargalhadas.

A festa aconteceria na sexta-feira daquela semana, em um casarão no bairro do Maracanã.

Quando Lúcia comentou com os pais sobre o evento, Paulo e Glória entreolharam-se. Somente em seus sonhos viam a filha tendo uma vida normal.

— Bem... — disse Paulo, com muito receio. — Faz pouco tempo que o doutor Miranda lhe deu alta, filha. É melhor esperar um pouco mais. Você terá outras festas.

— Eu esperei a vida inteira! — retrucou Lúcia, inflamando-se. — Não posso estar com meus amigos? Pessoas da minha idade, que nunca olharam para mim e que agora querem minha companhia?

— Menos Lúcia! — exclamou o pai, ficando de pé do sofá. — Sem minha permissão, você não irá! Eu quero o seu bem, nada mais! — Paulo desviou o olhar da filha para a televisão.

— Todos os dias, os jornais reportam as loucuras da juventude atual. Abuso de drogas, crimes absurdos. Esses garotos que lutam contra o governo...

— Não pretendo fazer nenhuma loucura, pai — Insistiu Lúcia, sem baixar o tom da voz. — Eu quero estar com meus amigos!

— Ainda é cedo! — gritou Paulo.

Vendo-se vencida pela autoridade paterna, Lúcia sentiu lágrimas quentes rolarem por seu rosto. Correndo para o quarto, trancou-se. Paulo e Glória entreolharam-se. A mãe, impotente, nada conseguira dizer.

— Ela pode ter uma recaída — balbuciou Glória, estremecendo de pavor. — E agora?

— É melhor ela ter uma recaída aqui, conosco — asseverou Paulo, convicto de que estava certo —, do que na rua, cercada de estranhos e bêbados.

Glória sabia da intenção boa do esposo e conhecia do mundo o suficiente para saber que, em reuniões de jovens, sobravam álcool e faltava juízo. Seus sobrinhos realizavam farras lendárias na cidade de São Paulo.

— Não podemos mais deixar nossa filha na bolha que criamos, Paulo — comentou a mulher. — Uma hora, teremos que confiar na educação que lhe damos.

— Não neste momento — insistiu Paulo.

— Podemos nos aconselhar com o senhor Pacheco? — indagou Glória. — Ele ganhou minha confiança no que se refere a Lúcia.

— Daqui a pouco, ele vai ditar o que comemos! — volveu Paulo com mordacidade. — Isso é assunto para os pais de Lúcia: nós!

Paulo parou por uns instantes. Sua memória o fez lembrar que fora o cavalheiro quem tirara sua filha da tragédia em que se encontrava. Em momento algum, ponderou Paulo, Pacheco se impusera na vida de sua família e reconhecia nele um homem de bem.

— Pacheco não merece minhas palavras — disse Paulo, depois de alguns minutos de silêncio. — Ele salvou minha filha. Tenho que reconhecer isso até o fim dos meus dias. Ligue para ele.

Glória sorriu. Estava diante do homem sensato com o qual se casara havia tantos anos. Rapidamente, a ligação foi feita. Uma senhora gentil atendeu à ligação e passou o telefone para Gaspar Pacheco. A conversa, fraterna, foi rápida e franca. Agradecendo, Glória desligou.

— O senhor Pacheco recomenda que deixemos Lúcia ir à festa — disse Glória —, pois os perigos cercam nossa filha tanto lá como cá. Podemos preveni-la do que a espera e confiar no juízo dela em qualquer situação.

Paulo compreendera perfeitamente. Liberar Lúcia para ir à festa, mas nos termos do bom senso. O taxista caminhou lentamente até o quarto da filha e bateu à porta. Podia ouvir o pranto da jovem. Com o coração apertado, Paulo chamou Lúcia para conversar sensatamente.

O ruído do pranto cessou. Segundos depois, a porta foi aberta. O rosto de Lúcia estava banhado em lágrimas e em seus olhos ardia um fogo furioso que impressionou Paulo.

— Filha — disse o homem depois de um tempo —, eu e sua mãe a amamos muito. Eu sei que você nos ama. Peço que se coloque em nosso lugar, pois nos colocamos no seu.

— Pai... — começou Lúcia.

— Ouça agora, filha — interrompeu Paulo. — Nós ponderamos muito, buscamos conselho e decidimos que será bom para você ir à festa dos seus amigos. Mas há condições!

— Quais? — indagou a jovem.

— Eu a levarei e a buscarei. — Disparou Paulo. — Você deverá passar longe das bebidas alcoólicas. Lembre-se de que será a primeira festa de muitas. Temos que ir devagar. Por você e pelos seus velhos.

Lúcia fitou o pai. Paulo era um homem severo e, muitas vezes, obtuso aos olhos dela, mas a jovem sabia que ele a amava imensamente e sofria naquele momento. Lúcia abraçou o pai com força. Antes, porém, queria agredi-lo.

— Lembre-se — continuou Paulo — do tratamento espiritual que está fazendo. As trevas podem atacá-la. Antes de ir à festa, iremos assistir à palestra no centro do doutor Irineu.

— Sim, pai — emendou Lúcia. — É o melhor mesmo. Obrigada!

CAPÍTULO

VINTE

De tão ansiosa que estava, Lúcia não prestou atenção na palestra da noite, por mais que João insistisse. O benfeitor respeitara a decisão dos envolvidos na questão da participação da tutelada na festa. O mentor fora claro ao dizer à jovem que o uso do livre-arbítrio trazia grande responsabilidade.

Pacheco não estava presente. Assuntos em Magé levaram o cavalheiro para a terra natal. Irineu, prevenido pelo amigo de longa data e pelos benfeitores espirituais, chamou Lúcia e Paulo para uma conversa franca na presença de Balbina. Uma pontada de impaciência feriu Lúcia, que estava arrumada para a festa.

— Eles são experientes e querem ajudá-la — disse João, severo, à jovem. — Não seja ingrata e aceite o amor deles. Sua festa não vai perder o brilho.

Contendo a ansiedade, Lúcia viu-se cercada por pessoas mais velhas. Todos elas, observou a jovem, foram moças e devem ter aproveitado a fase em que ela estava de maneira muito mais proveitosa do que a própria, já que padecera longos anos de tratamento mental. Certamente, ponderou a garota, elas jamais a entenderiam.

— Quando tinha sua idade — começou Irineu com um sorriso —, os dias eram outros, mas a mocidade era a mesma, jovem Lúcia! — O distinto militar da reserva estava com um brilho no olhar. — Eu tomei um grande pileque com meus irmãos e amigos. Meu pai era um alcoólatra e me chamou de homem feito! Mas minha mãe ficou muito triste. Na época, não entendi a razão. Hoje, eu entendo. Lúcia, queremos que seja jovem! Que festeje! Queremos que encontre um par para caminhar em sua vida terrena. Só queremos que saiba: desejamos para você a felicidade!

— Sim, filha! — atalhou Balbina com seus cabelos encanecidos. — Aproveite o momento da melhor forma possível. Amanhã, quero saber os detalhes!

— Achei que iriam tentar me convencer a não ir — comentou Lúcia, constrangida. — Nunca imaginaria isso!

— Bem, lembra-se da palestra que ouviu sobre Jesus na festa de casamento? — emendou Irineu. — Pois é isso. O espiritismo nada proíbe, mas orienta! Seja feliz, minha cara! Lembre-se, contudo, do que já aprendeu!

Irineu estendeu a mão para Lúcia e um possante passe magnético tomou o corpo da jovem, que, momentos antes, desperdiçara a oportunidade de magnetização por conta de seus pensamentos ansiosos. Balbina beijou a testa da adolescente e retirou-se para outros trabalhos com o presidente da casa espírita.

Pouco tempo depois, Paulo e Lúcia chegaram ao local da festa. Estavam perto dos renomados Colégio Militar e Colégio Pedro II. O pátio do prédio de apartamentos estava lotado de jovens. A música estava alta, mas não chegava a incomodar os passantes.

— Eu voltarei à meia-noite — disse Paulo. — Eneida dormirá lá em casa?

— Sim — respondeu Lúcia animada. — Ela já deve ter chegado.

Lúcia encontrou Eneida logo na entrada. Jovens dançavam e bebiam os refrigerantes dispostos em uma mesa. Salgadinhos e cachorros-quentes eram oferecidos em bandejas.

— Alguns estão bebendo cerveja — disse Eneida, eufórica. — Subversão total!

— Vamos pegar leve — volveu Lúcia, prudente. — Onde está Henrique? Quero entregar minha lembrancinha.

Henrique estava cercado de amigos e com o rosto muito vermelho por conta das bebidas alcoólicas. Com a aproximação de Lúcia, os olhos do rapaz, que completava dezoito anos naquele dia, brilharam.

— Feliz aniversário, Henrique — disse Lúcia, sorrindo. — É uma lembrancinha simples. Espero que goste.

Henrique sorriu para Lúcia, e seus olhos chisparam. O moço aproximou-se da jovem e deu-lhe dois beijos no rosto. Em seguida, com Lúcia trêmula, Henrique tomou o pacote das mãos da convidada. Desembrulhando rapidamente o presente, o rapaz apreciou a camisa que havia ganhado.

— Gostei da camisa! — disse Henrique. — Muito obrigado! Mas gostei mais da sua presença na minha festa!

Os amigos de Henrique afastaram-se, e um deles, chamado Caio, convidou Eneida para conversar. Sozinho com Lúcia, Henrique aproximou-se ainda mais da convidada.

— Quer uma bebida? — perguntou Henrique, fitando os olhos de Lúcia. — Tenho cerveja. Meus pais me deram três caixas.

— Um pouco de refrigerante está bom — respondeu Lúcia. — Onde estão seus pais?

— Meu pai está de plantão no quartel — comentou o rapaz. — Minha mãe está lá em cima. A festa familiar será no domingo. Hoje é para as amizades!

Rapidamente, Henrique trouxe um copo de refrigerante para a convidada e dois salgadinhos para ela. Lúcia percebeu que outras garotas na festa, com sorrisinhos visivelmente irônicos, a olhavam com desdém.

O disco que tocava, de Elvis, foi substituído por um de Roberto Carlos. Casais reuniram-se perto do aparelho de som. Henrique, vendo uma oportunidade, puxou Lúcia para dançar. Abraçando-a, o rapaz sentiu o perfume da jovem. Lúcia, extasiada, jamais experimentara um momento como aquele. Dançaram três músicas românticas. Depois, colocaram um dos discos dos polêmicos The Beatles, e a agitação explodiu. Puxando Lúcia, Henrique a levou a um canto mais escuro do espaço da festa e a beijou.

Eneida, muito sem jeito, aproximou-se do casal. Chegara a hora de ir embora, e, certamente, Paulo já devia estar as aguardando na calçada. A contragosto, Lúcia desvencilhou-se de Henrique e despediu-se dele.

— A feiosa maluca beijou o cara mais bonito da cidade! — disse Lúcia, triunfante, à amiga, enquanto passavam pela portaria do condomínio.

CAPÍTULO

VINTE E UM

Naquela madrugada, deitada em sua cama, Lúcia, eufórica, revivia os momentos na festa. Fora discreta com seu pai, que indagara como o evento tinha sido.

— Saudações, filha — disse João, surgindo repentinamente, com seu habitual semblante sereno. — Gostou muito da comemoração, não é?

— Sim! — disse Lúcia ao amigo espiritual. — Eu me apaixonei pelo garoto mais bonito da escola.

João fitou a pupila. Sabia exatamente das paixões que o espírito que abrigava o corpo franzino chamado Lúcia era capaz de reter. O bondoso mentor caminhou até a cama da jovem e sentou-se ao lado dela. A vibração da entidade acalmou os ânimos de Lúcia.

— Filha, lembra-se da palestra do jovem estudante universitário lá no centro? — Iniciou João. — Em que ele falava sobre moderação nos momentos felizes?

Lúcia recordava-se perfeitamente das belas palavras do moço chamado Márcio, muito simpático.

— Você vive um momento de descobertas — emendou João —, e isso é muito bom. Um progresso para você. Mas deve estar alerta para os espíritos maus, incluindo os reencarnados que são maus.

— Henrique não é mau! — Interrompeu bruscamente Lúcia.

— Ele, como você e todos os que estão longe da perfeição — corrigiu pacientemente o guia —, tem luz e trevas. Henrique não é mau, mas também não é bom. Ele, assim como você, está a caminho da santidade moral. — O nobre espírito pareceu adquirir uma tênue luz prateada, que chamou a atenção da jovem médium. — Você sabe que todo planejamento reencarnatório pode sofrer alterações, mas precisa compreender agora que precisa manter o foco. Pode se divertir? Claro! Lembre-se de que toda a sua atual reencarnação deve ser dedicada à sua recuperação moral. Seu espírito queima de paixão com muita facilidade. Isso a aproxima do ódio e a derrubou antes. Quem é seu maior inimigo?

Lúcia engoliu em seco. Toda a animação que sentira se desfez, e lágrimas surgiram em seus olhos.

— Eu sou minha maior inimiga — disse a jovem. — Por que você veio desfazer minha alegria? Que tipo de mentor é você?

João fitou ternamente a pupila. Compreendia perfeitamente a tristeza de Lúcia. Por alguns segundos intermináveis, o guia espiritual silenciou.

— Eu, filha do meu coração, te amo imensamente — disse João calmamente. — Amo a ponto de querer seu bem, ainda que lhe cause tristeza. Não estou aqui para lhe dizer o que você quer ouvir, mas sim o que precisa ouvir.

— Serei sozinha? "Ficarei para titia"? — indagou Lúcia.

— Ninguém nunca é sozinho — respondeu João, direto. — Mas você cometeu tantos delitos, que deve começar a repará-los agora. Embora possa amar, em termos mundanos, por assim dizer, não há casamento para você. Nem filhos.

— Apenas trabalho? — Os olhos da jovem estavam arregalados, e em seu coração explodiu o fogo da revolta. — Eu sou um animal de carga?

— Por milhares de anos, você foi um espírito sensual, violento e invejoso. — As palavras duras de João não vinham sem um poderoso influxo magnético. — Agora, tem que entender que a carne não é nada. O espírito é tudo. A moral é tudo. O que são vinte, trinta anos perante a eternidade? Nada. Acalme-se! De nada resolverá a revolta.

— Por que não me deixou iludida, por hoje apenas? — questionou Lúcia, após alguns momentos.

— Ao desdobrar seu espírito, iria buscar o jovem Henrique — respondeu o sábio. — Ele não está em condições de estar com você.

— Como assim? — indagou a jovem.

— Seu espírito, desdobrado, está imerso em ebriedade e mesclado a vampiros, que buscam absorver as vibrações perniciosas que os vícios liberam — comentou João. — Ele bebeu mais álcool depois que você saiu, fumou entorpecentes ilegais, e agora seu espírito está em uma verdadeira orgia espiritual. E ele é o joguete.

— O senhor pode salvá-lo! — Disparou Lúcia. — Por que não o faz?

— Livre-arbítrio — respondeu o guia. — Os benfeitores, como sempre, acompanham, sem jamais abandonar seus tutelados.

— Vou ajudá-lo! — asseverou a jovem apaixonada.

— Você nem tem condições de se ajudar ainda, Lúcia. — O mentor disparou secamente e com surpreendente autoridade. — Pode, sim, fazer preces por ele. Mas, antes de ajudar Henrique, precisa se ajudar. Me diga: se você pular no buraco com ele, quem tirará os dois de lá?

— Não entendi — sentenciou Lúcia, com franqueza.

— Você tem muito o que aprender — explicou João, ainda firme. — Seu padrão vibratório é muito inconstante. Você se destempera à toa! Ao tentar ajudar o rapaz, apenas iria tropeçar e cair. No fim, será tão doente quanto Henrique, de novo. Você quer voltar ao que era antes?

As lágrimas de Lúcia cobriram seu rosto. Não entendia ainda por que João estragara sua alegria daquele jeito, mas algo nela dizia que aquela medida do mentor doía mais nele do que nela própria. Essa ideia a ajudou a manter a calma.

— Hoje, você tem muitas informações para refletir — asseverou João, com alguma doçura. — Quero que você, já que está sem sono, estude o capítulo 11 de *O Evangelho Segundo o Espiritismo*. Quando o sono vier, se estiver em boas condições, será levada aos jardins do Castelo da Esperança. Terá um despertar bom e alegre.

— Para onde o senhor vai? — perguntou Lúcia. — Não pode ficar mais um pouco?

O benfeitor sorriu e junto à sua pupila teceu uma longa prece. A entidade refletia sobre o quão duro fora com sua protegida, mas concluiu que fizera certo. Salvou-a de cometer algum desatino. Seus auxiliares, imperceptíveis à jovem, extraordinária médium, permaneceriam ali.

Quando Lúcia estava imersa na leitura, com sua vibração estável, João despediu-se delicadamente dela. O mentor captou um sutil agradecimento da menina. Emocionado, o sábio deixou a presença de Lúcia para se juntar ao mentor de Henrique na triste vigília pelo jovem entorpecido.

CAPÍTULO VINTE E DOIS

Naquela manhã de segunda-feira, Lúcia estava radiante. Madrugara, na verdade. Estava ansiosa para encontrar Henrique na escola. O ano escolar já avançava para o fim, e todos os alunos estavam tensos, mesmo a resplandecente Lúcia. Ela imaginara que Henrique não tinha o número de telefone dela para conversarem.

Eneida estava aguardando a amiga à porta da escola. As duas moças abraçaram-se. Por mais que se falassem por telefone, nunca era o bastante.

— Oi — disse Henrique, surgindo do nada e surpreendendo as jovens. — Como estão?

Henrique deu dois beijinhos no rosto das meninas, sob os olhares espantados de todo o corpo estudantil. Lúcia reparou em como ele era cheiroso.

— Depois da aula — disse Henrique a Lúcia —, vamos dar uma volta?

— Claro! — exclamou a moça.

As aulas pareciam intermináveis. No intervalo, as jovens não se encontraram com Henrique, mas perceberam os olhares de escárnio e despeito que lançavam a Lúcia, chamada de estranha por muita gente.

— É inveja. — Disparou Lúcia para Eneida.

— Certamente — concordou a amiga. — Inveja pura. Bem, eu vou ao banheiro e já volto! Depois do intervalo, teremos aula da professora Bruna, e ela vai querer falar conosco sobre a faculdade, e isso me interessa. Portanto, não podemos nos atrasar.

Lúcia permaneceu comendo seu lanche ao lado da biblioteca, que fora seu refúgio muitas vezes. Jamais pensara em ficar tanto tempo no intervalo à vista de tanta gente, mas, desde que João e os demais amigos espirituais haviam se apresentado a ela, ficava mais tempo exposta aos olhares pretensiosos de seus colegas.

Momentos depois, Eneida voltou para junto de Lúcia. Estava pálida e trêmula. A jovem recém-chegada puxou a amiga para longe dos alunos, que se preparavam para retornar às salas a qualquer momento, quando o sinal tocasse.

— Preciso falar com você agora! — sussurrou Eneida, enquanto arrastava Lúcia. — Imediatamente!

Eneida levou Lúcia para junto da trave de gol, onde se assenhorava uma imensa mangueira, de diâmetro incrível. Lúcia varreu os olhos procurando por Henrique, alheia à angústia da amiga.

— Lúcia, somos como irmãs... — Disparou Eneida. — Não posso esconder de você o que ouvi no banheiro...

— Conta logo! — interrompeu Lúcia, pois o sinal tocava naquele instante. — Não podemos nos atrasar!

— Eu ouvi Mara, Meire e Carol conversando sobre você e Henrique — balbuciou a jovem. — Elas não me viram...

— Ah, é inveja! — Riu a outra.

— Não! — continuou Eneida. — É tudo armação delas com Henrique!

— Você está louca! — Disparou Lúcia violentamente, agarrando a amiga pelos ombros. — Você não ouviu direito ou está com inveja de mim!

— Nada disso! — Insistiu Eneida, com lágrimas nos olhos, pois amava imensamente sua amiga de infância. — É uma aposta. Henrique perdeu e tem de seduzi-la. Eles querem humilhá-la!

— A troco de quê? — indagou Lúcia, soltando a amiga.

— Para fazer maldade, não é necessário explicação — argumentou Eneida.

— Vocês duas estão brigando? — interrompeu o inspetor Leitão.

— Não! — disseram Lúcia e Eneida em uníssono.

— Já para a sala de aula! — vociferou Leitão. — Nunca tive problemas com vocês matando aula e, por isso, vou deixar passar. Subam!

Correndo, Lúcia e Eneida voltaram para a sala de aula. As duas amigas não se olharam nem falaram com ninguém. Henrique, por sua vez, estava com seus amigos no fundo da sala. A mente de Lúcia fervilhava. Quando o sinal de encerramento da aula ecoou por toda a venerável instituição de ensino, a jovem disparou pelo corredor e estacou diante do portão da escola, mas do outro lado da rua movimentada. Eneida, em seu passo, alcançou a amiga e a fitou, cabisbaixa. Não haveria mais diálogo entre elas, ambas sabiam. Com os olhos úmidos, Eneida caminhou para casa, embora olhasse para trás a cada passo.

Henrique surgiu cercado de seus amigos barulhentos. Despediu-se de todos e caminhou na direção de Lúcia. A jovem, em seus pensamentos, chamava por João e por Carlos, mas havia apenas silêncio dos amigos espirituais. "Livre-arbítrio", concluiu a moça, embora tivesse a certeza de que o guardião espiritual estive perto dela.

O rapaz aproximou-se da jovem e deu-lhe um leve beijo nos lábios. Lúcia sentiu um poderoso calor tomar-lhe o corpo. "Certamente, Eneida se enganou", pensou ela. "Henrique me ama!"

— Vamos? — perguntou Henrique de mãos dadas com Lúcia.

— Para onde? — indagou Lúcia, permitindo-se ser conduzida. — Não vamos almoçar?

— Na minha mochila tem tudo de que precisamos, broto. — Sorriu o rapaz com ar matreiro. — Vamos!

O casal percorreu as ruas da Tijuca. Não pareciam se importar com as pessoas ao redor. O dia estava claro, e o verão parecia já ter tomado o lugar da primavera. Era um novembro sufocante. Alcançaram, por fim, após uma longa caminhada, a Quinta da Boa Vista.

Henrique cumprimentou os guardas do local, que conheciam seu pai, e logo o rapaz estendia um lençol no gramado. Totalmente esquecida do entrevero com Eneida, Lúcia estava extasiada. A conversa com Henrique era animada. O rapaz era ágil nos pensamentos, e seus olhos estavam quase totalmente pousados em Lúcia.

— Sanduíches, mas eu esqueci de trazer bebida! — exclamou Henrique mostrando à jovem.

A seco, o casal devorou o lanche de presunto e queijo. Conversaram sobre música e o que os aguardava na vida após a escola.

— Queria lhe perguntar uma coisa... — disse Lúcia após alguns minutos de silêncio, em que a dupla contemplava as nuvens no céu. — Como você foi parar na nossa escola? — A jovem sorria para o rapaz. — Por que não foi para o colégio militar?

— Sou o rebelde da família — respondeu Henrique, com alguma hesitação. — Meu pai, o "coronel", ficou furioso comigo. Me surrou por não ter ido fazer a matrícula. Se não fosse minha mãe, talvez eu não estivesse vivo...

Henrique calou-se. Lembranças amargas vieram à sua mente de forma repentina e furiosa. Lúcia tomou as mãos daquele a quem chamava intimamente de namorado. Nada que estava à volta de ambos importava.

— Eu sou um prisioneiro do meu velho — disse Henrique, franzindo a testa. — Por isso, em cada oportunidade, eu o envergonho. Meus irmãos já começaram suas carreiras lá na Agulhas Negras. Eu sou diferente. Sou o "subversivo, o canalha..." nas palavras de meu pai, o "coronel".

Lúcia sentiu uma profunda tristeza por Henrique. A mágoa que o rapaz sentia era quase palpável. Finalmente, a jovem entendia o comportamento reprovável de Henrique na escola e na própria festa.

Sem pensar, Lúcia beijou Henrique, que, surpreso, a abraçou por alguns segundos. Repentinamente, para espanto dos dois, o jovem soltou Lúcia. Sem entender a súbita rejeição, ela fitou o rosto envergonhado de Henrique.

— Me desculpe, Henrique — balbuciou Lúcia. — Eu não pensei direito.

Em silêncio, Henrique fitou a companheira. Depois, fechou os olhos por um longo tempo.

— Isso é muito errado — disse o rapaz. — Você é uma garota legal...

— O quê? — murmurou a jovem.

Eu fiz uma aposta... — sussurrou Henrique, constrangido. — Eu não sabia que você era tão legal... — O rapaz ficou de pé e quase caiu em cima da própria mochila. — Você não é estranha ou louca... é legal...

Como se sentisse um violento tapa, Lúcia recordou-se das palavras de Eneida. Era verdade! Sua amiga a prevenira, mas ela escolhera ignorar a informação. Eneida jamais mentiria para ela.

— Por que me trouxe aqui? — A voz de Lúcia estava fraca, e seus olhos estavam fixos em Henrique.

— Para... para... — respondeu Henrique, sentindo as poderosas vibrações de Lúcia — fazer você me beijar. Meus amigos estão atrás das árvores...

Imediatamente, os olhos de Lúcia varreram aquela região belíssima. Encontrou, ao longe, alguns vultos por entre as árvores.

— Sou um subversivo canalha — balbuciou Henrique, esboçando um sorriso ridículo. — Me desculpe.

O tapa que Lúcia desferiu no rosto de Henrique o derrubou no chão. Humilhada, a jovem pegou sua mochila e saiu a passos rápidos dali. As lágrimas rolaram abundantemente por seu rosto, enquanto ela saía da Quinta. Ao chegar à estação de trem, um homem de estatura elevada riu dela.

— Pule na linha do trem, garota — disse ele, com convicção. — Para quê sofrer tanto?!

No alto da escadaria da estação, que cortava aquela parte do bairro de São Cristóvão, Lúcia observou os trilhos a uma altura considerável. Ao longe, vinha o trem, veloz. "Ele pararia bem em cima de meu cadáver", pensou ela.

— Não! — gritou Lúcia, virando-se para o homem. — Eu não mereço isso!

Quando, porém, Lúcia se virou para confrontar o homenzarrão, Antônio e Carlos já se lançavam violentamente contra ele. Carlos ainda se virou para a jovem protegida e sorriu, enquanto o austero Antônio liderava a corrida contra aquele que se revelava um espírito mau, à espreita de Lúcia.

Correndo como podia, Lúcia, com o coração agitado e com poderosas vagas de sentimentos contraditórias explodindo em sua alma imperfeita, voltou para casa.

CAPÍTULO VINTE E TRÊS

— Como isso pôde acontecer?! — balbuciou Lúcia a João, em seu quarto. — Por que fui humilhada desse jeito?

Paulo e Glória ouviam o desabafo da filha sentados no sofá da sala. Não ousaram enfrentar o desespero de Lúcia, que irrompera pela sala, totalmente alucinada e aparentemente falando sozinha. Glória, ao contrário de Paulo, tivera condição de receber a sugestão do benfeitor João para ligar para o doutor Pacheco e receber instruções. O pai da jovem, por sua vez, concluíra, acertadamente, que o descontrole da filha se dera ao rapaz que a convidara para sua festa de aniversário, e ideias sinistras brotaram no coração do taxista.

Pacheco, ao seu turno, acionado por Glória assim que chegara em casa do trabalho, orientou a amiga a buscar serenidade na prece e aguardar Lúcia gastar suas energias. O estudioso da doutrina espírita tinha a mais absoluta certeza de que João se encarregaria de acalmar Lúcia.

— É uma dura lição pela qual você passou, minha filha. — Disparou João com firmeza, após ouvir inúmeros impropérios da protegida. — E me ouça bem! Se continuar nesse descontrole, não me verá ou ouvirá! Sua sintonia está muito alinhada com as trevas que cercam este lugar! Antônio está lá fora com uma respeitável força, mantendo os adversários longe! Mas você, do jeito que está, faz com que cada espírito maligno que está lá fora passe sorrindo por nosso grande capitão da luz!

Com as palavras de João, que usava seu poderoso magnetismo para ser visto e ouvido por Lúcia, a jovem, ainda superexcitada, calou-se. Mas sua vibração ainda era muito ruim.

— Seus pais virão vê-la — disse João, cuja austeridade lembrava o altivo Flecheiro. — Eles estão apavorados com a situação. Pense neles!

— Estou envergonhada! — gritou Lúcia. — Fui burra!

— Agora não é hora para explicações — asseverou a entidade. — Chore. Gaste sua energia. Mas permita ser consolada por seus pais. Você não é a primeira desiludida no amor. Acorde para esse fato e vigie seus pensamentos!

Um minuto depois, Glória e Paulo bateram à porta do quarto de Lúcia. A mulher, com lágrimas mal removidas do rosto marcado, estava com seu exemplar de *O Evangelho Segundo o Espiritismo* nas mãos. Os pais cercaram a filha com seus abraços, enquanto João orava. Paulo, naquele momento, agradecia a Deus por ter resolvido voltar para casa mais cedo. Jamais se perdoaria por não estar lá quando sua filha chegasse naquele estado deplorável.

As mãos de Glória, sem que ela percebesse, abriram o importante livro no item 18 do capítulo 5, intitulado "Bem e Mal sofrer". A mãe de Lúcia, pelo influxo magnético de João, iniciou a leitura daquele fragmento. A filha e o pai ouviram atentamente as palavras proferidas. Os três entendiam que algo extraordinário ocorria ali, até mesmo o teimoso taxista. No lado de fora, as forças avançadas de MacAlister, alertadas pelas terríveis vibrações de Lúcia ainda na Quinta da Boa Vista, retiravam-se sem dar batalha a Antônio e Carlos, que se encontravam ladeados por muitos espíritos guardiões.

— Filha — disse Paulo após a leitura de Glória —, as relações humanas são difíceis. Não existem santos na Terra. Você precisa estar alerta para aproveitadores. — O homem engoliu em seco. — Esse rapaz a machucou de alguma forma? Fale a verdade para que possamos ajudá-la.

— Só feriu meus sentimentos, pai — disse Lúcia, que compreendera as palavras do genitor. — Ele não tocou em mim.

Paulo suspirou aliviado. Beijou a testa da filha e levantou-se. Sua compreensão das coisas era muito simplista. Ele entendia que os sentimentos de Lúcia eram menos importantes que sua honra virginal. No entanto, apesar dessa limitação do que realmente importava, Paulo procedera da melhor forma que podia e ainda estava agradecido por ter resolvido voltar para casa e percebido que fora inspirado a fazer isso pela espiritualidade amiga.

Glória, por sua vez, estava vibrando compreensão à sua filha. Em seu íntimo, agradecia a Deus e à Nossa Senhora por ter mantido alguma calma. A mulher perguntava-se em que momento pegara *O Evangelho Segundo o Espiritismo,* que se mostrara fundamental naquele momento de dor.

— Quando estiver em melhores condições — disse João à pupila, já mais calma —, conversaremos sobre isso. Agora, tenho que ir. Em seu sono, se vibrar adequadamente, irá aos jardins do Castelo da Esperança.

Enquanto o bálsamo do Evangelho se derramava sobre Lúcia e seus pais e as forças sombrias recuavam, MacAlister cerrava os punhos e admitia a derrota.

— Foi por pouco — rosnou o líder da grande malta de entidades caídas —, mas Mary Sullivan cairá. Ela é vaidosa demais, egoísta demais. Ela é má!

CAPÍTULO
VINTE E QUATRO

Os dias correram. Lúcia ainda estava magoada devido à armadilha em que caíra, e seus pais permitiram que ela faltasse à escola com a conhecida argumentação de que a jovem estava indisposta. A escola, por sua vez, entendeu que fora uma recaída de seu estado mental e não criou dificuldades.

A distância, Irineu e a equipe de médiuns do centro espírita irradiavam magneticamente a jovem Lúcia. O sábio dirigente informara a Glória que nem toda situação daquelas era um quadro obsessivo, mas fruto da grande perda de sintonia com vibrações salutares.

— Nosso potencial mental — disse Irineu ao telefone, no dia seguinte ao desastre de Lúcia na Quinta da Boa Vista — é o que cria em nós o céu ou o inferno. Jesus asseverou isso no Novo Testamento. É claro que os obsessores se aproveitam ou se aproximam, mas, ainda assim, não se configura como um caso para desobsessão. Nossa Lúcia se recobrou, ainda que ferida emocionalmente. Todos os dias, ao final da tarde, nossa equipe de médiuns irradiará a distância. Dê a ela água magnetizada todos os dias e faça a leitura de *O Evangelho*. Venham na sexta-feira, se for possível. Sem forçar a barra.

Glória ouviu atentamente as instruções e decidiu que as seguiria totalmente. Acreditava piamente na bondade das pessoas do centro e no "poder" da doutrina dos espíritos. Testemunhara mais de uma vez a eficácia daqueles estranhos ensinamentos. Mas, aos domingos, ia à missa com Paulo e fingia não ver o desgosto do padre, que, em seus sermões, mais de uma vez, criticara o espiritismo e outras denominações mediúnicas.

Eneida, aflita com o sumiço da amiga, falara com Glória ao telefone. No segundo dia de ausência de Lúcia na escola, Eneida foi visitá-la. Emocionada e arrependida, Lúcia abraçou a amiga leal, e um novo pranto lavou o rosto magro da pupila de João.

— Você agora precisa ter foco — disse Eneida, confiante. — O vestibular está chegando. Logo, a escola ficará no passado.

— E Henrique, como está? — indagou Lúcia para espanto de Eneida. — Apesar de tudo, agora que passou, penso que ele estava arrependido desse absurdo. Senão, não teria me contado. Logo quando eu tinha me jogado nos braços dele!

— Henrique está isolado do grupo dele — respondeu a outra, depois de hesitar um pouco. — Está cabisbaixo. Ninguém entendeu direito o que aconteceu. Só sabem que você o esbofeteou. — A jovem, então, respirou fundo, e um ar zombeteiro a transformou. — Não tenha pena desse pulha! Ele mereceu o tapa. Canalha! Ele pode até ter se arrependido, mas não deve ter sua piedade. Ele sabe que você está em processo de recuperação e ainda assim a manipulou.

Lúcia ouviu atentamente as palavras de Eneida, mas não se deixou levar por elas. João prometera-lhe explicações, e Lúcia já aprendera a confiar na sabedoria do sábio espiritual. Deixou Eneida falar e só.

— O vestibular me espera! — disse Lúcia confiante e mudando de assunto.

— Que curso tentará? — indagou Eneida, pois Lúcia ultimamente mudara de ideia inúmeras vezes.

— João sugeriu licenciatura em Língua Portuguesa — respondeu a amiga.

— Você? Professora? — riu Eneida. — De engenheira civil à professora?

— Sim — sorriu Lúcia. — É uma forma de pagar débitos. No passado, usei da palavra para ferir. Agora, eu deveria usar a palavra para construir. Segundo o velho, o magistério é um sacerdócio dos mais sagrados.

— Aturar monstrinhos pior do que a gente? — Gargalhou Eneida.

— Verdade! — Riu Lúcia. — Ô carma pesado o meu!

CAPÍTULO VINTE E CINCO

Quando Lúcia, finalmente, se sentiu forte o suficiente para enfrentar os olhares da escola, seus pais a acompanharam até a porta da instituição de ensino. Em silêncio, Paulo varria o rosto dos jovens na esperança de identificar aquele que humilhara sua filha. Mas, em vão, o taxista procurara.

De semblante firme, Lúcia sentou-se em sua carteira, ao lado de Eneida, ignorando os olhares de escárnio e curiosidade que lançavam sobre ela. Até os professores, a jovem percebeu, sabiam do acontecido com Henrique. Este, por sua vez, não fitou o rosto de Lúcia, mesmo cercado pelos amigos. O rapaz, murcho, parecia se esforçar para ficar invisível, enquanto o semblante altivo de Lúcia, pouco a pouco, fazia o corpo estudantil silenciar e desviar o olhar dela. Carlos, por sua vez, mantinha-se junto da protegida, evitando que qualquer espírito sombrio usasse um dos alunos para atacá-la.

Essa era a nova atitude de Lúcia na escola. Fechara-se novamente, porém, se antes o fazia por conta das vozes que irrompiam em sua mente e a descontrolavam, agora isso se devia à sólida serenidade de quem sabia o que ditava as regras.

As últimas provas chegaram e foram feitas com louvor. Para Lúcia, a escola acabara. Agora, viria o vestibular.

Seguindo as orientações de João, Lúcia arriscara prestar o temido vestibular para licenciatura em Língua Portuguesa, uma das atividades mais sagradas, segundo o benfeitor espiritual, e uma forma de trabalhar a redenção de sua pupila. No dia em que o resultado final saiu, Lúcia comemorou. Passara para uma excelente universidade pública, não tão longe de sua casa, perto do grandioso Estádio do Maracanã. Após a euforia familiar, Paulo sentou-se em seu sofá e alisou a cabeça levemente grisalha.

— Que foi, pai? — indagou Lúcia, percebendo a mudança de humor do genitor.

— Não sei, filha — disse Paulo. — Uma série de pensamentos, mas não deve ser nada.

— Ah, pai... — Insistiu a jovem, sorrindo. — Desembucha!

Paulo encarou a filha. Amava-a muito, ainda que fosse do seu jeito rude. Glória compreendeu a preocupação súbita do esposo. Lera com Paulo as notícias da semana anterior, que falavam de jovens universitários com problemas com a polícia e alguns sendo associados aos guerrilheiros que enfrentavam o governo.

— Filha — disse Paulo com firmeza —, faculdade é um lugar de muitas coisas. — O homem esboçou um singelo sorriso. — Aprendi muito nos meus dias de juventude, mas a época agora é outra. As faculdades estão cheias de pessoas de todos os tipos, boas e más. As que seguem as leis...

— E os subversivos — emendou Lúcia. — Eu sei, papai. Vejo na televisão as coisas que acontecem. A causa deles, na maioria, acho justa, mas não aprovo violência. Eu vou me cuidar! Prometo!

Paulo respirou fundo. Em seus pensamentos, considerava fortemente ir levar e buscar sua filha todos os dias na faculdade, mesmo que isso significasse perder passageiros no táxi. Encontrou em Glória um olhar de apoio.

— Nos primeiros dias — continuou Lúcia, percebendo os olhares dos pais —, gostaria que o senhor me levasse até eu me ambientar.

— Claro! — gritaram, em uníssono, Paulo e Glória.

Ainda naquela noite, em desdobramento, Lúcia se viu nos jardins floridos do núcleo espiritual ao qual João estava momentaneamente vinculado. O bondoso mentor surgiu por entre as árvores plasmadas pela poderosa força mental de nobres espíritos, e o semblante alegre da entidade fez a moça correr para ele e enfeixá-lo em um grande abraço.

— Parabéns, mocinha! — disse João. — Se você se empenhar, será uma grande professora!

— Eu estou muito feliz! — disse Lúcia, soltando o amigo espiritual. — Meus pais também estão! Quase agradeço por ter tentado me matar naquele dia terrível, que o levou a aparecer para mim!

— Agradeça por ter escolhido certo — interveio João, convidando a pupila para caminhar por entre as árvores. — Mas pensemos agora no hoje! Hoje é dia de festa! Uma festa dupla!

Lúcia não compreendeu as palavras do mentor. Seus passos cessaram, conforme João previra. O benfeitor tomou as mãos magras de sua protegida.

— É chegada a hora de se preparar para o mandato mediúnico — disse a entidade. — Você tem estudado *O Livro dos*

Espíritos e *O Evangelho Segundo o Espiritismo*. Agora, o nível desse estudo precisa se aprofundar, bem como outras obras precisam ser conhecidas por você. Chegou a hora de *O Livro dos Médiuns* e o *Céu e Inferno*, ambos de Allan Kardec.

— Mas como vou estudar as coisas da faculdade?! — A voz de Lúcia estava ríspida.

— Com calma, planejamento e perseverança essa questão será solucionada — respondeu calmamente João. — Há tempo para tudo, ao longo das 24 horas do dia. Até para dormir e ver novela!

Novamente, João convidou Lúcia para continuar a agradável caminhada. Em silêncio, a dupla observou por alguns minutos as pessoas que ali estavam.

— Você é uma médium formidável, se comparada a outros, cuja sensibilidade psíquica é exacerbada — prosseguiu o mentor. — Isso significa que é um pesado débito e não marca de elevação moral, conforme alguns dizem. Você precisa trabalhar com espíritos desencarnados e ainda caídos e com reencarnados em várias condições de vida. Ou seja, você precisa ter conhecimento teórico sólido e experiência prática desenvolvida com o apoio de outros médiuns experientes, para que possa cumprir com seu planejamento reencarnatório da melhor forma possível.

— Mas eu não sou muito nova, fisicamente falando, para tudo isso? — questionou Lúcia. — O senhor Irineu ingressou no espiritismo já mais velho...

— Isso lhe serve para verificar, novamente — retrucou João —, o quão endividada você está. Seu "carma", nas suas palavras.

Lúcia e João sorriram. Lado a lado, caminharam em silêncio novamente. A jovem sabia que a relação com seu mentor era algo raro em termo de clareza nos contatos. Geralmente, as pessoas, por mais que quisessem, passavam a vida inteira sem saber o nome de seu benfeitor espiritual. Mais difícil ainda era poder debater com uma entidade sem o concurso de outro médium, como Lúcia fazia. A jovem sabia perfeitamente que aquela forma de relação não era uma benesse, mas uma imensa responsabilidade que derivava de seu pesado débito espiritual.

— Eu vou escrever como Chico Xavier? —perguntou Lúcia.

— Se depender de mim, não — respondeu João. — A missão de Francisco Cândido Xavier é muito pesada também. A sua é bem diferente e silenciosa. Seu nome nunca brilhará e será tal qual uma querida irmã nossa chamada Yvonne. Ainda que ela tenha escrito muita coisa e ajudado muitas pessoas, um dia, por conta disso, Yvonne será chamada de "Heroína Silenciosa". E você, minha filha amada, nem será lembrada pelo movimento espírita, o que é muito bom!

Lúcia, subitamente magoada, fitou João. Seu orgulho queimou rápido, e João pareceu não se importar. Era assim que deveria ser.

— Antes que você grite e caia deste lugar de paz — disse João —, Deus e sua consciência, o que é mais importante, saberão cada ato de amor realizado, Lúcia. Isso é o que importa. Nada mais!

CAPÍTULO VINTE E SEIS

Lúcia conheceu as novas ideias que a universidade trazia. Dilemas, provocações, explicações e desafios. Logo na primeira semana, o cérebro da jovem fervilhava com os novos e desafiadores conhecimentos. Confessara aos pais que ouvira, e muito, ideias consideradas subversivas por muitas pessoas, porém, Lúcia afirmara categoricamente que as aulas eram seu maior interesse, para alívio de Glória e Paulo.

Desde o primeiro dia, Lúcia ficara amiga de Ester, Janice e Paloma, que haviam entrado no curso de Letras com ela. Eneida passara para o curso de Geografia, e as amigas mantinham contato sempre que podiam, sobretudo, nos fins de semana. Não demorou muito para que Ester, que residia no Grajaú, chamasse Lúcia para uma conversa em particular nos corridos intervalos entre as aulas.

— Eu gostaria de lhe perguntar uma coisa — disse Ester, ligeiramente sem jeito —, mas não me entenda mal. Não fique zangada.

— Diga logo! — Riu Lúcia, que se aborrecia por pouca coisa naquela altura dos acontecimentos. — Parece novela!

— Eu vejo algumas coisas, sabe? — Iniciou cautelosamente Ester, olhando para os lados. — Vultos. Já ouviu falar em Chico Xavier? Mãe Cacilda do Sete da Lira?

Lúcia olhou para os lados e, em seguida, fixou o olhar na amiga, que era de família humilde. Percebeu nela um brilho diferente no olhar.

— Sim — respondeu Lúcia, com naturalidade. — São grandes médiuns no espiritismo e na umbanda, respectivamente. Fizeram grande sucesso na televisão. Dizem que a esposa do presidente incorporou essa entidade, enquanto ela assistia a um programa na televisão! — A jovem, depois de alguns segundos, sorriu para a amiga. — Você viu alguém ao meu lado?

— Sim... — disse Ester, tentando parecer confiante. — Um exu, ou seja, um espírito guardião!

— Então, Carlos é um exu? — Riu Lúcia, divertida. — Faz sentido. Não sei muito de umbanda, só que é uma bela religião em que a música impera! Dentre outras coisas...

— Então, você sabe?! — questionou Ester, suspirando aliviada.

— Bem — Lúcia olhou o relógio —, agora temos aula. Mas, depois, vamos conversar sobre isso. Acho que nosso encontro não aconteceu por acaso!

De fato, não era acaso. João e Maria do Rosário, benfeitores espirituais, haviam pensado em tudo. Ao final da aula, Lúcia foi a um orelhão e falou com Glória que iria conversar com sua nova amiga sobre espiritualidade e pediu que Paulo fosse buscá-la mais tarde.

Quando as aulas se encerraram, as duas novas amigas sentaram-se na praça de alimentação. Lúcia, com franqueza, contou toda a sua vida. Contou como João surgira diante dela e a conduzira a uma nova vida pautada pela doutrina espírita. A jovem não escondeu nenhum detalhe. Atenta e respeitosa, Ester ouviu o relato. Uma lágrima escorreu em sua face direita e nada mais. Ester se reconhecera em alguns pontos da narrativa de Lúcia.

Chegou a vez de Ester contar-lhe sua vida e as dificuldades financeiras em uma comunidade carente do agitado Méier. Apesar de ser filha de umbandistas, a vida não fora fácil para a filha de Jorge e Gerusa. Assim, tal como João acudira Lúcia, Maria do Rosário apresentara-se a Ester em um momento de extrema necessidade. A jovem, enlouquecida por visões assustadoras, resolveu atirar-se na linha férrea bem no momento em que o trem, em disparada, se aproximava. A entidade manifestou-se e a convenceu a sair dali. Pouco depois, Jorge e Gerusa, orientados pelos guias espirituais, alcançaram a filha. Ester, que antes renegava a fé dos pais, recebeu o tratamento necessário e, com o tempo, "vestiu o branco", como se diz na tradição umbandista, e encontrou a felicidade, dentro do possível.

— Mas, ainda assim — disse Ester, sorrindo —, a luta prossegue!

— Nossa história é muito parecida — observou Lúcia, emocionada com o relato da amiga. — Por caminhos diferentes, chegamos ao Mestre Jesus ou Pai Oxalá!

— Verdade — anuiu a outra. — Cada filosofia dá os nomes que prefere, mas o conteúdo é único.

— Certa vez, o benfeitor João me disse isso — comentou Lúcia. — Ele conhece a umbanda, e creio que o nome Maria do Rosário não me é estranho. Acho que já ouvi esse nome.

— Existem muitos Joões na umbanda — explicou Ester. — Os guias espirituais usam pseudônimos, como André Luiz, o amigo espiritual do Chico, além de se organizarem em grupos os quais chamam de falange. Maria do Rosário também é um nome comum, mas, como temos a certeza de que nosso encontro foi planejado pela "turma do Alto", talvez nossos mentores se conheçam.

— O tempo dirá! — Disparou Lúcia.

— O tempo dirá! — repetiu Ester.

CAPÍTULO

VINTE E SETE

Balbina e Joana eram as instrutoras do desenvolvimento mediúnico do centro espírita frequentado por Lúcia e Glória. Essa formação contava com diversos níveis, e ambas as veteranas não haviam tido ainda a oportunidade de orientar uma pessoa tão jovem quanto Lúcia, cuja idade era marcada por arroubos temperamentais. A dupla de tarefeiras, no entanto, sabia do pesado débito espiritual da jovem médium e, embora não possuíssem grande instrução formal, tanto Balbina quanto Joana tinham sólido conhecimento teórico da doutrina espírita, além de anos de experiência bem vivida.

Nos níveis iniciais do chamado desenvolvimento mediúnico, a reflexão sobre as obras organizadas por Allan Kardec era a tônica. Isso decepcionava muita gente, conforme Lúcia notou, pois, ávidas pelos fenômenos mediúnicos, muitas pessoas abandonavam a tarefa insatisfeitas com tudo o que teriam de estudar.

— Médiuns todos nós somos — disse Balbina aos estudantes —, mas compreender o fenômeno mediúnico, os desdobramentos dos fenômenos mediúnicos e saber se relacionar de forma sadia com eles é o verdadeiro desafio. Essa é a grande bandeira, se assim posso dizer, da filosofia e ciência espírita.

— E quanto às outras crenças de ostensiva manifestação mediúnica? — indagou Lúcia, atraindo olhares dos colegas.

— Excelente colocação. — Sorriu a instrutora, tutelada pela benfeitora Clara. — Muitos de nós, dentro do movimento espírita, acreditam que esta seja a única doutrina que explica o mediunismo, mas temos de tomar cuidado com isso. Esquecemos que a mediunidade é explicada em cada credo, de acordo com o entendimento de cada grupo reencarnado e de cada grupo de espíritos desencarnados. Como vamos experimentar culturas e informações ao longo das reencarnações, temos em nós, ainda que adormecidas, explicações de diversas culturas que coadunam com o que o espiritismo nos apresenta hoje. — A veterana, sob as vibrações de Clara, sentou-se em sua cadeira, e seu sorriso permanecia. — A filosofia que chamamos de budismo já explicava sobre causa e efeito quinhentos anos antes de Jesus vir para a Terra. Jesus não só replicou os conceitos sobre causa e efeito, ou ação e reação, como os aprofundou. Milhares de espíritos, que beberam diretamente da fonte do Mestre Nazareno, levaram essas informações consigo ao longo das reencarnações, mesclando-as a outras crenças e recebendo outros nomes. Mas o conteúdo está lá.

— No budismo, acredita-se que o espírito possa regredir — interveio Rodrigo, um dos alunos do curso. — Um homem mau poderá reencarnar como um inseto ou algo assim.

Balbina silenciou. A fala do jovem engenheiro fazia sentido. Clara, satisfeita com o desempenho de todos, orientou sua pupila:

— Sim, Rodrigo — obtemperou a instrutora, sem perder a doçura —, você fez uma boa observação. Nem tudo que se propaga dentro das filosofias e crenças é igual, o que não significa que uma seja melhor do que a outra. Muitas vezes, somos advertidos pelos mentores de forma ríspida. Um exemplo: se você não parar de ser mau, irá reencarnar como uma lesma para ser esmagado e, assim, aprender a ser humilde. Nós, filhos de Deus, somos imperfeitos em vários graus de diferença. Esse tipo de "ameaça" pode não funcionar para mim e para você, mas pode funcionar para uma terceira pessoa, que só responde ainda a admoestações desse tipo. Sem falar que essa "transformação em animal" é uma verdade, se cogitarmos a terrível zoantropia, que será estudada melhor daqui a dois módulos. E ainda existem doenças degenerativas, que fazem as pessoas portadoras serem consideradas "anormais" ou "animalizadas". Um fardo muito pesado, mas explicável à luz da doutrina espírita.

Rodrigo arregalou os olhos com a belíssima explicação. Tudo o que Balbina dissera fazia sentido. Em prece, o homem agradeceu pela lição.

— Ainda temos que considerar as distorções, voluntárias ou não, dos textos sagrados — emendou Joana, enquanto a confreira bebia um bom gole de água. — Alguns ensinamentos da própria Bíblia foram distorcidos para atender a interesses estranhos. Nem a codificação espírita escapa de tentativas de alterações, e inúmeras justificativas furadas são dadas. — A instrutora mais jovem respirou e prosseguiu: — Kardec nos preveniu sobre informações que pudessem enfraquecer a doutrina. Ele, professor que era e é, nos orientou ao controle universal do ensino dos espíritos. É um protocolo de segurança. E mais! O velho mestre de Lyon nos disse para confiarmos na Ciência. Se a Ciência disser algo diferente do que fala o espiritismo, fiquemos com a Ciência.

— Então, devemos descartar aqueles que querem "atualizar Kardec"? — indagou Fabíola, outra aluna.

— Não, descartar não — respondeu Joana. — Mas analisar criteriosamente, buscando multiplicidade de fontes e o bom senso. Se acontecer de algo contido na codificação espírita ser considerado ultrapassado, certamente será substituído por outra informação mais atual. Um grande pesquisador espírita, chamado Hermínio Miranda, diz com muita propriedade: "O Espiritismo não termina com Kardec, começa com ele!".

— A senhora sabe de alguma informação ultrapassada que esteja na codificação? — perguntou Lúcia, surpreendendo a si mesma.

— Sim e não — ponderou Joana, apreciando a indagação desafiadora. — No conteúdo trazido por diversos espíritos, não conheço nenhum dado que tivesse sido atualizado. Temos, contudo, considerações no que diz respeito ao pensamento de Allan Kardec, o que não diminui sua grandeza, mas ressalta que até mesmo seu grande gênio tinha limitações. — Trocando olhares com Balbina e com Clara e dominando as vibrações do ambiente, Joana prosseguiu: — Kardec, em algumas obras, dá sua opinião. A de um sábio terreno e digno de muito respeito. Mas suas opiniões são também as de um homem branco, burguês e europeu. Essas opiniões, em pontos bem marcados a um olhar crítico, como ele próprio nos orienta a possuir, não são lisonjeiras às etnias dos chamados amarelos e negros. Na *Revista Espírita* de 1862 e em *Obras Póstumas*, que talvez ele nem publicasse, estão dois grandes pontos polêmicos e que Kardec tratava como hipóteses e citando outros cientistas da época. Um detrator, por ignorância, ou maldade mesmo, poderia dizer que Kardec era racista! Lembremo-nos das referências que ele tinha: era branco, burguês, e reencarnou numa época em que se afirmava que a raça branca era superior às demais, e, ainda, era europeu. O próprio Kardec marcava nos textos a diferença do pensamento dele do pensamento dos espíritos superiores e dizia que a verdadeira sabedoria era a dos espíritos codificadores. Kardec, como nós, era limitado, mas não era mau. Um racista prega o ódio.

As palavras de Joana caíram como uma bomba no colo dos alunos. Alguns torciam o nariz, fechando-se nas palavras iniciais dela sobre Kardec, e pouco além puderam absorver, pois consideravam o codificador infalível. Outros não tinham conseguido compreender as profundas reflexões da instrutora. Mas aqueles que, como Lúcia, tinham entendido as palavras de Joana, refletiam, fascinados com as reveladoras informações.

— Por fim — disparou Joana, observando que a hora daquele estudo dominical se encerrara —, Kardec, com seu amor à verdade, registrou a seguinte informação dos espíritos superiores, lá na questão 54 de *O Livro dos Espíritos:* "Todos os homens são irmãos em Deus, pois que eles são animados por um espírito e tendem ao mesmo fim". Se o mestre lionês fosse mesmo racista, ele não teria posto essa importante informação nem a seguinte resposta à questão 829:

> *Toda sujeição absoluta de um homem a outro homem é contrária à Lei de Deus. A escravidão é um abuso da força, e desaparece com o progresso, como desaparecerão pouco a pouco todos os abusos. A lei humana que consagra a escravidão é contra a natureza, pois ela trata o homem como um bruto e o degrada moral e fisicamente.*

— Pensemos, então, será que Kardec era racista?

CAPÍTULO

VINTE E OITO

As aulas ocorriam tranquilamente para Lúcia. Era maio de 1972. Ela estava com as amigas na aula de Teoria e Planejamento de Ensino, disciplina sob a responsabilidade de Luis Alberto da Motta, um excelente professor.

O debate do conteúdo ocorria célere e instrutivo, quando um grupo de homens fardados irrompeu na sala de aula assustando a todos. Instintivamente, Lúcia agarrou-se a Ester. O professor Luis Alberto, homem corpulento de meia-idade, avançou contra os policiais, que gritavam e empunhavam cassetetes. O venerando docente foi violentamente derrubado por dois guardas altos, enquanto o delegado de polícia, que adentrava a sala de aula, dava voz de prisão a Amílcar e à sua namorada Janice. Lúcia viu a amiga ser arrastada violentamente por um soldado, que desferiu um forte tapa no rosto da jovem. Amílcar, por sua vez, tomado pela ira, lançou-se em defesa da namorada, mas foi derrubado por coronhadas das armas dos policiais.

Em meio ao caos instalado, os alunos correram, tentando fugir da sala, mas outros, como Lúcia e Ester, se encolheram no fundo da sala em meio a carteiras derrubadas. Com a arma em punho, o delegado fitou as duas jovens.

— Vamos levar esse casalzinho subversivo — rosnou o delegado — e o professor, que faz parte do bando. — O homem, então, gritou para os atordoados alunos que se encolhiam: — Lugar de vagabundo é na cadeia! Se eu souber que vocês andam com terroristas como esses aqui, apodrecerão na jaula mais escura que eu encontrar!

Levando o professor Luis Alberto, além de Amílcar e Janice, os policiais se foram, deixando o local sob a gritaria do corpo estudantil, que se espalhava, atônito, pelo prédio da universidade. Lúcia conseguiu ficar de pé e ajudou Ester, que não continha as lágrimas. Paloma, outra amiga da dupla, estava lívida. Lúcia havia visto claramente Carlos e Sete Catacumbas, o guardião de Ester, diante delas, zelando pela integridade de suas tuteladas.

— O que será de nossos amigos? — balbuciou Ester, zonza de terror.

— Não sei. — Disparou Lúcia.

— Temos de sair daqui! — gritou Paloma, agarrando suas coisas.

— O perigo passou — considerou Lúcia. — Estamos bem. Precisamos avisar as famílias. Essa loucura precisa acabar! Janice não faria mal a uma mosca!

— Mas Amílcar... — iniciou lentamente Paloma, que sabia do envolvimento do namorado da amiga com grupos revolucionários — tem culpa no cartório. E dizem que o professor Luis também.

— Se têm culpa ou não — asseverou Lúcia —, são nossos amigos. Não podemos abandoná-los!

— O que fazer? — indagou Ester.

As três não responderam. Tentando enxergar Carlos, Lúcia recebeu apenas silêncio. Se o benfeitor tivesse avisado que o ataque da polícia iria acontecer, talvez seus amigos tivessem fugido. Aquele pensamento, sem reflexão, fez a jovem culpar o bom amigo espiritual por uma falha que não cabia a ele.

As três estudantes saíram da sala. O caos generalizado se instalara em toda a universidade. Uns diziam que o reitor também fora preso; outros afirmavam que ele fugira com a ajuda dos diretórios estudantis. Informações alegavam que cinquenta alunos haviam sido presos e outras davam a certeza de trinta. Valorosos professores, técnicos administrativos e estudantes tentavam acalmar os ânimos, evitando que a situação se agravasse. Mas houve aqueles de todos os setores da comunidade universitária que se organizavam para resgatar os presos na delegacia de polícia para onde haviam sido levados.

Num ímpeto, Lúcia resolveu juntar-se ao grupo de pessoas que buscava a revanche. Os séculos de rebeldia e inconformidade explodiram repentinamente. Agora que o medo passara, a jovem franzina sentia o ímpeto guerreiro instalar-se em sua alma imperfeita.

— Não! — gritou Ester. — Vamos para casa! Ficar aqui é aceitar o desespero!

— Temos que salvar nossos amigos e o professor! — volveu Lúcia. — Tomaremos a delegacia!

— Os policiais atiram para matar, sua louca! – Insistiu Ester, sacudindo a amiga pelos braços, enquanto Paloma fitava em silêncio a discussão. — Se nós morrermos nessa loucura, seremos suicidas! Você sabe disso!

Lúcia encarou Ester. As palavras da amiga tinham surtido o efeito desejado. Correndo os olhos pelo grande corredor efervescente, Lúcia percebeu a verdade nas palavras da amiga.

De mãos dadas, o trio tomou a direção de uma das saídas do prédio. No caminho, encontraram Eneida, que antes estava nos andares superiores. Um abraço apertado selou o reencontro de Lúcia e Eneida, que também fugia do pânico com um grupo de colegas. Um tiro ecoou.

Depois, o grupo soube que o feroz delegado atirara para o alto, com o intuito de dispersar o grupo de alunos e professores que se aproximara das viaturas na tentativa de resgatar o grupo de oito pessoas presas como terroristas.

No lado de fora do grande prédio, o grupo dirigiu-se para o portão mais distante. Os rapazes tentavam proteger as colegas e logo chegaram à calçada que margcava a famosa Boulevard 7 de Setembro.

O grupo de alunas do curso de Letras, acrescido por Eneida, afastou-se dos demais e entrou pelas ruas laterais. As moças encontraram uma padaria e entraram. Ninguém falou sobre o ocorrido para não alarmar ainda mais os funcionários e clientes, que imaginavam que alguma coisa havia acontecido na universidade. O grupo tomou alguns refrigerantes e saiu.

— Preciso ligar para casa — disse Ester. — A notícia das prisões logo vai dar na televisão.

— Todas nós devemos ligar para casa — emendou Lúcia, que assumira o controle da situação. — Mas esses telefones públicos da esquina já estão com muita gente. Não podemos propagar o desespero.

— Se seguirmos pela rua — considerou Paloma, quc conhecia bem a região —, encontraremos uma praça com vários telefones públicos.

Ao chegarem à bela e arborizada praça, as jovens informaram aos seus pais o que havia acontecido. Glória, pressentindo o perigo rondando sua filha, postara-se ao lado do aparelho telefônico. Aliviada em saber que Lúcia e suas amigas estavam fora de perigo, ela orientou a filha a levar as colegas em um táxi até o ponto onde Paulo costumava ficar enquanto aguardava passageiros. De lá, garantiu Glória, o taxista deixaria as jovens em casa.

Dito e feito. O grupo "empilhou-se" dentro de um táxi que passava no local, e logo Paulo se encontrou com a filha e suas amigas. Prontamente, o taxista colocou-se à disposição das jovens assustadas e, após deixar Eneida, que morava mais perto, Paulo e Lúcia deixaram Paloma e Ester em suas casas.

— Por que os espíritos não avisaram? — indagou o taxista à filha, após deixarem Paloma em casa. — Eles não sabiam? Eles não deveriam saber de tudo?

— Eu me perguntei isso, pai — respondeu Lúcia —, enquanto estávamos dentro do outro táxi. Refleti bastante sobre o assunto e concluí que deveríamos passar por isso. Só enfrentamos as situações que precisamos enfrentar, mas, em todos os momentos, os benfeitores estavam lá nos cercando.

Ainda assim, Paulo não ficou satisfeito. Bufando, deixou a filha em casa e voltou para o trabalho. Do seu jeito, tiraria as próprias conclusões e saberia do acontecido pela voz das ruas, coisa que somente um taxista, ainda que novato, saberia fazer.

CAPÍTULO VINTE E NOVE

As notícias da invasão da polícia à universidade incendiaram a cidade. Notícias contraditórias eclodiam por todos os cantos, mas a ideia geral de que os presos eram criminosos era a tônica mais forte. Por ordem de Paulo, Lúcia não retornou à faculdade de Letras pelo resto da semana. A jovem, porém, tinha notícias diárias das amigas, que também haviam ficado em casa.

João, dois dias depois do drama que ocorrera na universidade, orientou Lúcia a orar pelos envolvidos diretos. Sem entrar em detalhes, o bondoso mentor informou que não existiam acasos na Lei Divina.

— Não sei da trajetória dos envolvidos nesse caso triste — disse João, visivelmente compadecido. — Seja por resgate espiritual ou mesmo por uma situação que está sendo criada neste momento, devemos vibrar positivamente por todos. Até para os brutos. Lembre-se de que a tirania não fica impune.

— O que será de Janice? — perguntou Lúcia, aflita.

— Não sei — respondeu francamente o guia. — Nós podemos ser desencarnados, mas não sabemos tudo.

Lúcia sabia que, embora João não soubesse de Janice e dos aprisionados, a entidade iria fazer todo o possível para ajudá-los, da mesma forma que fizera com Henrique. E isso era verdade.

Alguns dias depois, Ester soube que Janice havia sido solta. Após avisar as amigas, o grupo reuniu-se diante da casa modesta da jovem que fora presa. A mãe de Janice, viúva de um militar, atendeu à porta. O semblante da mulher madura era doloroso de contemplar.

— Minha filha não quer ver ninguém — disse dona Olga.

— Eu quero vê-las — disse Janice com a voz fraca, aparecendo à porta da casa.

Janice estava desfigurada pelos hematomas. Havia sido jogada no portão da casa por uma viatura. Vestia apenas trapos ensanguentados e imundos. A estudante escorava-se na parede, e dona Olga amparou-a, silenciosa. Fora graças à viúva que a filha estava viva. Intercedera junto a um colega de seu marido pela libertação da filha de um dos piores antros de tortura do Estado.

Cercada pelas amigas, Janice sentou-se doloridamente no sofá da sala. Lúcia imaginava os abusos que a belíssima colega havia sofrido.

— Eu tenho de sair do país — disse Janice quebrando o silêncio. — Irei para o exterior.

— Por que tudo isso? — perguntou Ester, contendo as lágrimas. — Você é caloura. Não teria tempo para se envolver com as células revolucionárias.

— Eu estava envolvida desde o colégio. — Disparou Janice para o assombro de todas. — Desde a morte de papai, eu ando com os rebeldes. Eu quero vingá-lo!

Os olhos de Lúcia pousaram em dona Olga, cujas mãos trêmulas cobriam seu rosto marcado. Aquele sentimento de vingança Lúcia conhecia bem, antes inexplicado e agora esclarecido por João. Quase sucumbira ao ódio quando Henrique a enganou.

— Janice — disse Lúcia, após uma breve e silenciosa oração —, a vingança não resulta em nada de bom. É uma bola de neve cruel. Eu não posso julgá-la, pois já experimentei o desejo de vingança. Aprendi que a felicidade consiste em buscar a serenidade e a paz, por mais difícil que seja.

Houve silêncio, e João sorriu. Pouco fizera para ajudar a pupila. Ester, por sua vez, vira de relance o venerável preto-velho, mentor de sua amiga.

— No exterior, você terá novos aprendizados — continuou Lúcia —, um amadurecimento. Nós a amamos e queremos seu bem. Todo o mal que lhe fizeram está nas mãos de Deus. Ninguém escapa da Lei de Deus. Seus carrascos podem até escapar da lei dos homens, podem tripudiar do que lhe fizeram, mas para eles haverá pranto e ranger de dentes por um longo tempo. Por isso, lhe digo para abandonar a vingança e ser feliz.

Janice ouviu atentamente as palavras de Lúcia. Ela era uma alma boa, que se rendera aos maus pensamentos. Culpava o Exército pela morte do pai, um dedicado tenente-coronel recém-promovido, que, em verdade, fora acidental. A moça torturada chorou amargamente, e as amigas a abraçaram. A vibração das estudantes universitárias, futuras professoras, acalentou o espírito ferido de Janice.

— Janice precisa ir embora o quanto antes — disse Olga, apertando as mãos magras. — O acordo foi esse.

— E quanto a Amílcar e o professor Luis? — indagou Paloma.

— Vão ficar presos por mais um tempo, acho — respondeu Olga, depois de alguns momentos. — Ainda estão realizando... procedimentos...

— Janice está muito machucada — disse Lúcia. — Como vai sair por aí?

— Eu preciso — argumentou Janice, com o rosto banhado em lágrimas. — Não tenho alternativa. Meu tio está comprando as passagens neste momento.

— Nós mudamos para cá após a morte de Edson — disse Olga, alisando os cabelos tingidos de castanho. — Eu não queria ficar na Vila Militar. Aqui, não temos prestígio nem conhecidos. Queria uma vida tranquila com minha filha...

As jovens ouviram o desabafo da viúva, outrora uma mulher orgulhosa e pedante. Fora quebrada com a prisão e tortura da filha, mas a fibra de mãe a fez encarar os antigos colegas do marido para poder soltar Janice. Agora, finalmente, desmoronava.

— Eu podia ter dito o nome de meu pai — disse Janice baixinho —, mas não... Não quero privilégios. Não mais. Vou embora daqui, deste país. Mas voltarei um dia.

— Promete que buscará a paz? — indagou Lúcia.

— Prometo — respondeu a outra, após hesitar. — Não farei mais minha mãe sofrer.

— É um começo — volveu a pupila de João. — Quem faz o mal colhe o mal. Seu pai, onde quer que esteja, quer sua felicidade e a de dona Olga.

Cerca de uma hora depois, Augusto, o irmão de Olga, chegou com as passagens. O passaporte estava pronto, uma providência que o tenente-coronel Edson tomara, ainda em vida, quando viveu com a família por seis meses em Dublin, Irlanda, como secretário do cônsul brasileiro.

Lúcia e as amigas ajudaram Janice com suas coisas. Ela não poderia levar muito. Augusto colocou as poucas bagagens no automóvel. Na calçada, as amigas de Janice a viram embarcar com a mãe e o tio no carro. E, de lá, a jovem torturada embarcou para o exterior, em direção a Londres.

Dias mais tarde, na faculdade, um professor confidenciou a alguns alunos que o professor Luis e os demais estudantes presos, após longa e excruciante tortura, haviam sido expulsos do país. Aliviada com a informação, Lúcia agradeceu imensamente. Sabia que os benfeitores haviam agido dentro da Lei Divina.

CAPÍTULO TRINTA

Lúcia realizou cada curso existente no centro espírita. Amadureceu sua mediunidade sob a luz da codificação espírita, e o medo que tinha das entidades espirituais, que não se aplicava apenas a João e Carlos, acabou. Por determinação de João, a tribuna não conheceu a presença de Lúcia. Seu trabalho na instituição era o de acompanhar a evangelização infantil, iniciante ainda naquele templo modesto, no preparo das refeições aos moradores de rua e na entrega destas aos sábados.

A filha de Glória e Paulo tentou relacionamentos com jovens estudantes como ela, mas estes não progrediram. Com o tempo, Lúcia foi compreendendo que o sentimento de posse era seu adversário e prejudicava seus relacionamentos. Sempre de forma ponderada, encerrou as relações com verdadeiro sentimento de amizade.

Eneida e Ester solidificaram ainda mais a amizade com Lúcia, e, não era raro, as três, apelidadas de Trinca de Ouro por todos, frequentavam as instituições uma da outra.

Certa vez, em 1974, no terreiro do qual Ester fazia parte, por ocasião da primeira ida de Lúcia àquela instituição, a jovem emocionou-se profundamente. João, incorporado em uma médium com quem trabalhava havia quase quarenta anos, chamou sua pupila, que tomou um susto ao ver o mentor se aproximando de seu "aparelho", uma senhora na casa dos setenta anos. O coro de curimbeiros entoava uma cantiga riquíssima em vibrações:

Lá vem João!
Lá vem João!
É Pai João do Congo
Servo do Senhor!
Com sua paz
Com seu Axé
É Pai João do Congo
Quem ampara filhos de fé
Em nome de Jesus
E da Virgem Maria!
É Pai João do Congo
Servo do Senhor!

João, que plasmara um grande chapéu de palha e uma bengala branca, adotara um andar mais lento e cadenciado. Zulmira, sua médium, com lágrimas nos olhos, permitiu-se envolver pela vibração doce do mentor.

Lúcia, com lágrimas nos olhos, fitou o amigo espiritual e sua médium. Ester, amparando a velha médium, sorriu para a amiga. Ela sempre soube.

A sessão transcorreu normalmente, cadenciada pelas canções de elevado teor vibratório. Lúcia via claramente a legião de espíritos iluminados que trabalhava ativamente naquele modesto centro de caridade. João, através de Zulmira, chamou a pupila. Dois rapazes, cambonos, se aproximaram da jovem e a acompanharam até o salão chamado de terreiro.

— Nós, servidores do Cristo ou Oxalá — disse a entidade pelo verbo da médium, e Lúcia ouvia as duas vozes, a de João e a de Zulmira —, não escolhemos o local para trabalhar. Todo coração bem-intencionado é nosso parceiro de bom combate! Sinta, filha! Isso é umbanda! Umbanda é a manifestação de espíritos para a prática da caridade!

Lúcia viu, como já vira no centro do qual fazia parte e também no próprio Castelo da Esperança, uma chuva de luzes multicoloridas banhando a todos os presentes, reencarnados e desencarnados. A médium sabia que aquelas bênçãos extrapolavam as paredes físicas do terreiro de umbanda, aspergindo a todos, de qualquer crença, bons e maus. Aquilo era amor.

Mais tarde, com Lúcia posicionada no canto junto aos possantes atabaques, por determinação de João, ou Pai João do Congo, a entidade incorporada em Zulmira fez um gesto pedindo silêncio. O guia-chefe do terreiro, Pai Joaquim de Angola, incorporado na dirigente, concordou. Aquilo era o combinado.

— Meus *zifios* — disse Pai João —, saravá a todos vocês! Que Nzambi os abençoe! Que Oxalá lhes traga a paz! As pessoas que estavam presentes se curvaram ante as palavras do nobre mentor, enquanto os guias espirituais, incorporados ou não, também reverenciavam a palavra da entidade comunicante, que continuou:

— Nossa existência é marcada por ciclos. Vida e morte. Cair e levantar. Aprender e ensinar. Foi o humilde Caboclo das Sete Encruzilhadas quem disse que aquele que sabe mais ensina ao que sabe menos e que a ninguém fossem dadas as costas, pois essa é a Vontade do Pai. — Fazendo sua médium dar alguns passos, Pai João prosseguiu: — Minha filha Zulmira, após longos e importantes anos dedicados à caridade, está com seu corpo físico cansado. A velha máquina de carne já cumpriu com o acordo que faz parte das incorporações. Isso é uma alegria. Agora, minha "velha filha" vai praticar a caridade de outra forma. Não "baixarei" mais. Sete Luas e Cabocla da Lei de Umbanda também não. Exu Marabô e Maria Mulambo também não. Trabalharão com minha filha Zulmira de outras formas. A semente tornou-se uma árvore frondosa, que refresca com sua presença e alimenta com os frutos da sabedoria desenvolvida. Essa é Zulmira. Esse é o objetivo da mediunidade: educar. Viva Deus! Viva Oxalá! Viva Zulmira, trabalhadora do Cristo!

Vivas ecoaram. Os tambores rufaram. Zulmira, desdobrada, contemplara tudo. Emocionada, a velha médium sabia que seu mandato na mediunidade de incorporação se encerrava, mas não podia imaginar tamanha festa de reconhecimento e gratidão pelo seu longo trabalho anônimo.

Pai João, sob um cântico entoado por todos os presentes de ambos os planos da vida, curvou-se, e Zulmira também, em reverência.

Era madrugada
Quando ele aqui chegou
Pai Oxalá
Sua Missão abençoou
É triste a hora
Da despedida
Meu Pai João
Sua Missão está cumprida!

Assim, João deixou Zulmira e apareceu a Lúcia. Guia e médium abraçavam-se emocionados. A anciã viu toda a glória que banhava o terreiro por alguns segundos, extasiada. Em seguida, recebeu o amparo dos cambonos, que lhe trouxeram água e a guiaram a um banco. Pai Joaquim, o líder daquele grupamento dedicado, comandou os trabalhos por mais algum tempo.

Enternecida por ter presenciado tamanho amor durante aquela sessão de umbanda, Lúcia agradeceu a Deus pela bondade de João, ou Pai João do Congo, por nunca ter desistido dela.

CAPÍTULO TRINTA E UM

Lúcia formou-se em Letras. Uma professora como havia sugerido João. Ingressando rapidamente em um modesto colégio perto de uma comunidade carente na região da Tijuca, Lúcia prontamente abraçou seus alunos. Paulo e Glória, encanecidos pelos anos, orgulhavam-se imensamente da filha, mas se ressentiam pelo fato de ela ser solteira e dedicar quase todo o seu tempo às atividades no centro espírita.

Dedicada, Lúcia logo se tornou admirada pelos alunos e por muitos colegas na escola, embora o ciúme se instalasse em alguns professores. Não raro, a distinta professora de Literatura e Língua Portuguesa ganhava mimos de seus jovens alunos e o cumprimento de mães zelosas, que reconheciam na discreta docente o talento e a paciência que levavam seus filhos a um novo mundo de descobertas intelectuais.

Mal sabiam eles que Lúcia, em suas orações, pedia pelos alunos e por suas famílias, sofrendo com a necessidade que muitos deles enfrentavam. A violência que espocava na comunidade carente localizada nos arredores da escola feria tanto a pupila de João quanto seus alunos. Não foram poucas as perdas que Lúcia enfrentou. Muitos alunos perderam-se nos crimes ou foram vítimas de inimigos de seus próprios parentes.

— Faça sua parte, minha filha — dizia João, com ternura. — Não pode responder pelas ações dos seus alunos. Lembre-se de que você é tão rebelde quanto eles! Eles irão amadurecer. Que seu trabalho firme seja um exemplo para essas crianças!

Essas palavras de João repetiam-se maquinalmente, e, com o passar do tempo, Lúcia deixou de questioná-las, embora continuasse desgastada por tantas perdas de alunos para o mundo do crime. Naquela altura da vida de Lúcia, o ano era 1981.

Em um grande viaduto na região do Méier, Lúcia estava junto a um grupo de voluntários que distribuía sanduíches e palavras amigas à população de rua. O "Grande Milagre Econômico" dos anos anteriores tinha arrefecido. A miséria material e moral estavam em todos os lugares. O grupo fraterno, liderado pelo estudioso Márcio, que encantava Lúcia com suas palestras enérgicas, havia dividido o grupo em dois, para atender os carentes da melhor forma que podia. Ele, que havia se casado dois anos antes com uma adorável jovem médica veterinária, que conhecera na universidade, ficara com um grupo, e Lúcia com o outro. Os tarefeiros atuavam divididos pela linha do trem que cortava o grande bairro, recheado de gente e histórias de vida.

Lúcia organizara sua equipe da mesma forma que vira o senhor Irineu fazer ao longo dos anos. O venerável seareiro havia desencarnado no ano anterior, vítima de um infarto fulminante, enquanto cuidava de seus amados cães. Grande fora o impacto em Lúcia, que acreditava que o sábio viveria para sempre. O senhor Pacheco, como sempre, orientou Lúcia:

— Chore! — disse o velho cavalheiro. — Eu também choro! Com um misto de tristeza por ele não ter aparecido em nosso jogo de gamão, mas também de alegria, pois ele verá sua amada mãe e os irmãos que o antecederam! Chore, minha querida, mas não lamente por ele.

Lúcia, subitamente, recordou-se do amigo que havia desencarnado e sorriu. Pareceu sentir a presença de Irineu por um átimo de segundo.

— Tia — disse um menino com cerca de dez anos, muito magro e sujo —, me dá um dinheiro?

— Eu tenho um sanduíche de mortadela aqui — falou Lúcia, sorrindo —, e talvez tenhamos um par de sapatos e uma boa bermuda para você.

— Eu quero dinheiro! — exclamou o menino, que bem podia ser um de seus alunos mais jovens. — E quero agora!

Lúcia percebeu um brilho sinistro no olhar daquela criança, e, antes que pudesse fazer alguma coisa, a lâmina afiada do menino cortou seu braço e raspou nas suas costelas. A bolsa com os sanduíches caiu. Lúcia não gritou, mas encarou o pequeno algoz com toda a fúria reprimida e tentou agarrá-lo, em vão. O garoto foi mais ágil. Ricardo e Penha, confrades de Lúcia, gritaram e correram na direção da professora. Enquanto Penha, histérica, gritava por socorro, seu marido disparava, em vão, atrás do menino que ferira a filha de Glória.

Três dos mendigos que estavam ali recebendo o auxílio do grupo de beneméritos acudiram Lúcia, e um deles correu para alertar Márcio e os demais.

— Calma, professora! — disse Gambá, o mais velho dos moradores de rua. — Esse corte está feio, mas não é fundo! Vamos dá jeito!

— E como você sabe disso? — gritou Penha, chocada com a profusão de sangue.

— Eu lutei em Monte Castello — disse calmamente Gambá. — Sei ver ferimentos. O pronto-socorro é virando a esquina!

Ricardo e Gambá levantaram facilmente a franzina Lúcia, cuja fúria estava estampada em seu rosto. Os dois homens rapidamente levaram a mulher ferida para o pronto-socorro, e grande comoção estabeleceu-se na rua. Taxistas e transeuntes apresentaram-se para ajudar, e um ou dois rapazes prontificaram-se a tentar encontrar o pequeno agressor.

Como Gambá, enxotado por um segurança do pronto-socorro, previra, o ferimento, embora terrível de se ver, não era fatal. Cicatrizes ficariam, porém. Imóvel, os mendigos aguardaram na rua, aflitos com a situação. Correndo, Márcio e os demais chegaram apavorados, mas encontraram Lúcia mais calma e entorpecida pelos medicamentos. O pequeno agressor, porém, não fora encontrado nem era conhecido pelos mendigos.

Paulo, ao saber que a filha fora ferida, precisou ir ao hospital se tratar, pois apresentou fortes dores no peito. Mas, antes, o taxista viu que sua filha estava bem, embora machucada. Glória, mais serena, ouviu atentamente o relato dos amigos que estavam com Lúcia, contudo, não conseguiu, assim como eles, entender a explicação. Coube a Cláudia, a atual presidente do centro espírita, considerar que o menino estivesse sob influência espiritual.

— A resposta virá no tempo certo — disse Cláudia, com convicção. — Agora, temos que nos recuperar do susto. Todos nós, além de Lúcia.

CAPÍTULO

TRINTA E DOIS

— Eu vou trucidar esse moleque! — bradou Lúcia, desdobrada e ao lado da própria cama, a João. — Eu vou rasgá-lo!

— Tenha compostura! — disse João com firmeza. — É uma oportunidade para você exercitar o perdão!

— Que perdoar o quê?! — volveu a professora. — Dessa vez, eu não consigo. Quase morri! Eu estava ajudando aquele trombadinha!

— A prática da caridade, muitas vezes, tem como véspera a ingratidão — asseverou o mentor. — Devemos persistir. Veja, criança, nem tudo podemos prever. Para isso, devemos sempre estar atentos para o que vier.

— Por que Carlos e Antônio não me protegeram? — Lúcia estava furiosa e não se importava em gritar com a entidade. — Vai dizer que estava em meu planejamento reencarnatório?

— Não estava no seu planejamento reencarnatório — respondeu João, sereno, porém firme. — Nossos irmãos e muitos outros estavam fazendo seu serviço. E você? Fez o seu?

— Como assim? — indagou a outra.

— Simples — disparou João. — Nas orientações de Márcio, você deixou passar um item: a segurança. Estava distribuindo, com boa vontade, os alimentos, mas não observava as pessoas assistidas. Seus pensamentos estavam divagando. Em suma: não prestou atenção ao que estava fazendo nem às sugestões de Carlos, que a alertou.

— A culpa é minha? — Lúcia estava incrédula.

— A culpa é do agressor — retrucou João. — O menino escolheu. Espíritos trevosos estavam com ele, mas, ainda assim, ele escolheu. Você apenas poderia ter fugido ou se defendido, se estivesse alerta. No fim, Carlos atuou diretamente sobre o garoto, desviando a lâmina.

— Esse menino foi teleguiado? — Lúcia estava com muitas dúvidas, mas sua ira estava mais branda. — Podemos fazer uma desobsessão para ele?

— Isso está sendo providenciado por Antônio, sem o concurso de médiuns — respondeu João. — O menino foi atraído por você por uma razão bem específica.

— Qual? — Lúcia sentiu algo estranho.

— O menino é a reencarnação de um velho desafeto seu. — João aproximou-se da pupila. — Pela Lei de Ação e Reação, podemos entender muitas coisas. Essa criança, espírito antigo, tem um planejamento reencarnatório muito difícil. A pobreza material extrema aliada à pobreza moral são elementos difíceis, mas necessários para levar esse filho de Deus a uma profunda reflexão.

Lúcia fitou seu corpo inerte na cama. Em desdobramento, sua percepção era aumentada, e seus olhos pousaram na face venerável de João. Compreendia, agora, a situação.

— Eu quero ferir esse menino — disse Lúcia com franqueza. — Ainda não consigo superar isso.

— No tempo certo — retrucou o mentor espiritual —, mas você conhece as leis. Sabe que deve se esforçar para isso.

O perdão é a verdadeira chave para a evolução espiritual. O pequeno reencarnado não tem esse conhecimento, pois a vinda dele foi compulsória. Seus pais orgânicos não têm nenhum vínculo anterior com ele, e, a bem da verdade, em breve, tomarão rumos diferentes devido às más escolhas.

— Não irei hoje para nossa colônia? — Lúcia desejava ir para o belo lugar espiritual para caminhar pelos jardins.

— Você está tão negativa que não tem condições. — A resposta seca de João fez a médium baixar a cabeça. — Recomendo oração. Suas recordações, ao despertar fisicamente, irão girar em torno de nossa conversa, bem aqui.

Os dias passaram; as dores não, tampouco as cicatrizes. Lúcia recebeu, em sua casa, a visita dos irmãos de alguns centros espíritas aos quais se associara e também do terreiro de umbanda onde sua querida amiga Ester atuava como médium. A jovem umbandista estava grávida do segundo filho, e Lúcia era a madrinha do pequeno Francisco, de quatro anos. Eneida, ao saber que a amiga fora ferida, passou a visitá-la todos os dias ao fim do dia, levando para a comadre a pequena Lílian, que nascera dois anos antes. Algumas mães de alunos também procuraram notícias da respeitada professora, além de lhes enviar votos de melhoras.

Pouco depois, Lúcia ficou apta a retomar suas atividades. Glória estava receosa de a filha voltar às atividades externas do centro, mas Paulo sabia que a teimosia de Lúcia era grande. O taxista não iria lutar numa batalha que sabia que iria perder. Dessa forma, a vida de Lúcia voltou ao normal, embora as grandes cicatrizes fossem uma dura lembrança do acontecido e também das firmes palavras de João.

Assim que retomou as atividades, Lúcia fez questão de retornar ao local onde fora ferida. Paulo, embora não quisesse discutir com a filha, fez questão de acompanhá-la naquele domingo. O futebol ficaria para depois. Sob sua camisa, o taxista levava um martelo como arma.

— Pai — disse Lúcia antes de entrar no carro —, tire o martelo da cintura. Não vai servir para nada.

— Como você sabe? — perguntou Paulo desconcertado. — É para...

— Carlos comentou. Só irá acontecer o que é necessário — disse Lúcia com firmeza. — Mas não se preocupe. Ninguém sairá ferido.

Márcio e o grupo fraterno receberam Lúcia e Paulo com muitos abraços e uma prece feita em plena praça, que ficava ao lado de um grande hospital público. Lúcia fez questão de retornar ao exato ponto onde fora ferida. Ali estava o velho mendigo chamado Gambá. O veterano estava encolhido em um canto sob o viaduto, ao lado de seu fiel cachorro Mortadela.

— Senhor Gambá — disse Lúcia sorrindo —, meu herói!

Gambá abriu lentamente os olhos e divisou a jovem professora que sempre fora gentil com ele. Ficando de pé com bastante dificuldade, o mendigo curvou-se respeitosamente ante Lúcia. Num rompante, com lágrimas nos olhos, ela abraçou o ancião sob os olhares emocionados de encarnados e desencarnados. Gratidão. Apenas gratidão.

— Eu vou sujá-la, minha senhora! — disse Gambá.

— Nada disso, meu amigo. Nada disso! — volveu Lúcia, em lágrimas.

Gambá, nascido Arnaldo Luis da Rocha, não conseguia acreditar naquela manifestação da jovem. Havia muitos anos não sentia a força que um abraço sincero carregava. Era, conforme lhe disseram tantas vezes, um pária, menos que um homem. Era um gambá.

— Eu só fiz minha obrigação — balbuciou Gambá. — Apenas isso.

— Seu gesto heroico me salvou. — Insistiu Lúcia. — Você indicou o hospital e me carregou. Isso é algo importante.

Herói. Aquela palavra reverberava nos ouvidos do ancião fazia décadas. Arnaldo, sabia Gambá, fora chamado assim um dia, e por isso perdera tudo.

— Um mendigo não pode ser herói, professora — disse Gambá. — Ainda mais um gambá como eu. Mas agradeço imensamente seu abraço. Não me recordava do último que ganhei.

— De agora em diante — disse Lúcia —, sempre ganhará um abraço meu!

— Meu também — disse Paulo, emocionado, abraçando o velho morador de rua. — Você cuidou de minha filha. Sou eternamente grato ao senhor!

Paulo honraria a palavra. Sempre que algum passageiro o levasse ao Méier, pararia no local onde Gambá ficava e lhe levaria alimentos e roupas, surgindo, assim, uma grande amizade entre o taxista e o morador de rua.

Em suas reflexões, após o reencontro com Gambá, Lúcia orou por ele no centro espírita e sentiu, imediatamente, a presença do silencioso Antônio, benfeitor espiritual muito mais discreto do que Carlos. Ester, sua amiga, reverenciava aquela entidade sempre que o via, fosse no terreiro ou no centro espírita, e o chamava de Tranca-Ruas, uma das falanges mais nobres da umbanda.

— O nome do homem a quem chama Gambá é Arnaldo Luis da Rocha — disse Antônio a Lúcia. — Um homem caído como tantos outros. Ele é meu neto. Eu o embalei nos braços quando renasceu e, em seguida, desencarnei. Tive uma rara vida longa.

— Você o protege? — indagou Lúcia.

— Não diretamente — respondeu a entidade, hábil na lida com espíritos caídos, um dos grandes auxiliares de João e Flecheiro. — Arnaldo tem um mentor chamado Almir, mas zelo por ele, assim como zelo por você também.

— Eu lembro que, certa vez, João comentou que o senhor atuou na Segunda Guerra, nas hostes espirituais — disse a professora.

— Sim — respondeu Antônio —, vi os horrores que o gênio humano pode fazer no auge de sua tecnologia. Trabalhei na Europa e no Norte da África em diversas atividades.

— Alguém me disse que o senhor Arnaldo tranquilizou Ricardo e Penha, quando me viram ensanguentada, dizendo que o ferimento era superficial. — As palavras de Lúcia saíram rápido. — Ele disse que havia lutado em Monte Castello.

— Sim — anuiu o espírito benfeitor —, na mais encarniçada das batalhas que o Brasil enfrentou nessa guerra. Arnaldo fez o que pôde. Viu amigos serem destroçados e a população humilhada. Ele próprio humilhou algumas pessoas. — Antônio calou-se por alguns segundos. — A tirania dele lhe custou caro, como sempre. Ao regressar, viu que a alcunha de herói de nada valia. Era um homem traumatizado pelos horrores da guerra, abandonado pela esposa. Tornou-se ainda mais violento e alcoólatra, e a sarjeta passou a ser seu lar. É isso.

Lúcia ouviu o relato de Antônio. Ele nunca havia falado tanto com ela, e a médium sabia que a entidade fora extremamente sucinta. De repente, percebeu que, se não tivesse sido atacada pelo menino, não conheceria o drama de Arnaldo nem as oportunidades que se apresentavam agora. João, ponderou Lúcia, estava certo mais uma vez.

— O que posso fazer por seu neto? — indagou Lúcia com sinceridade.

— Ore por ele — respondeu a entidade, regressando aos seus afazeres.

CAPÍTULO

TRINTA E TRÊS

Lúcia e Glória caminhavam em direção ao grande cinema que havia no coração da praça Saens Peña. Assistiriam a um filme que estreara com muito sucesso na semana anterior e estavam combinando que presente dariam para o novo filho de Ester, que nasceria dali a algumas poucas semanas.

Era um entardecer abafado, e as duas mulheres mesclavam-se entre os transeuntes do agitado coração da Tijuca. Os olhos de Lúcia pousaram em um pombo que arrulhava sobre o canteiro malcuidado da praça. Então, seu coração gelou. Um frio na espinha foi substituído por uma poderosa onda de adrenalina e ira. O garoto que a ferira estava ali, diante dela, com uma bolsa de mulher nas mãos. Diante de Lúcia, o menino a reconheceu.

— Seu trombadinha! — gritou Lúcia, assustando sua mãe.

Deixando Glória para trás, Lúcia, com as mãos cerradas, avançou sobre o garoto tomada por uma fúria incontrolável. Todos os anos de disciplina e estudo doutrinário caíam por terra naquele segundo. O pequeno ladrão, que furtara a bolsa de alguma vítima, gritou e saltou de lado, escapando do primeiro ataque da pupila de João. Outras pessoas gritaram.

Vozes clamaram pelos dois soldados da Polícia Militar que estavam por perto.

O menino abandonou a calçada e atingiu a rua movimentada. Dançando por entre os carros, a pequena e esquálida criança já ia escapando dos vários perseguidores que tinham se juntado a Lúcia. A alça da bolsa que o menino carregava, porém, enroscou-se em suas magras pernas. Nesse momento, um táxi atingiu o menino, jogando-o na lateral de um ônibus que havia parado bruscamente. Paulo, atônito, era o motorista. Largando o passageiro dentro do carro, o taxista correu para ver como o menino estava.

No exato momento em que o menino fugiu para a rua, Lúcia recobrou o juízo, pois vira o semblante desaprovador de Carlos bem perto de si. Ouviu as gargalhadas de toda uma horda trevosa que estava ali, assistindo, divertida, ao desenrolar dos acontecimentos. Lágrimas surgiram no rosto da jovem professora, que correu para ver como o menino estava. Outras pessoas, mais ajuizadas, se aproximaram para ajudar como podiam naquele drama, embora outras comemorassem a possível morte da criança.

— Não podemos tocar nele! — disse Paulo, que tentava ajeitar o menino ensanguentado no asfalto. — Ele surgiu do nada! — O homem estava terrificado. — Eu machuquei uma criança! Me ajudem!

— Calma, pai — disse Lúcia, tentando manter-se o mais lúcida possível. — Temos de chamar os bombeiros!

Os olhos assustados do menino encontraram os de Lúcia. A professora ajoelhou-se ao lado dele. Os policiais que faziam a ronda se aproximaram com ar de deboche.

— Esse rato, finalmente, foi parado — disse o mais velho dos guardas. — Não se preocupe, senhor. Nada de ruim vai acontecer contigo!

Paulo e Lúcia não acreditaram no que tinham acabado de ouvir. Uma senhora de cabelos encanecidos aproximou-se. Era uma enfermeira hábil, com larga experiência. Com voz firme, a veterana pediu aos policiais que se afastassem e ordenou que um homem que assistia a tudo com curiosidade corresse ao orelhão e chamasse os bombeiros.

— Ele está bem esfolado — disse a enfermeira —, mas, aparentemente, não quebrou nada. Pode, no entanto, ter ferimentos internos. — Com o dedo em riste, a mulher dominou o menino que tentava se levantar. — Fique onde está, a menos que queira morrer!

Com dores por todo o corpo, o moleque franzino permaneceu deitado. Ele sentia o peso do olhar de Lúcia, que se arrependia amargamente da explosão que tivera. A criança, sabia ela, poderia ter sido morta por Paulo, e a culpa seria sua. O peso da lei, para quem a conhecia, ainda que pouco, era grande.

Os bombeiros vieram e levaram o menino. Com ele, seguiram Lúcia e os policiais, além da enfermeira, pessoa devotada ao seu trabalho. Paulo ficara com Glória, que contaria toda a história que presenciara. Os pais de Lúcia observaram, tristes, que a plateia que desejara a morte da criança se desfazia insatisfeita.

— O que será feito dessa criança? — indagou Lúcia ao policial, dentro da ambulância.

— Já que ele não morreu — disse o policial fitando sombriamente os olhos do menino, que estava em silêncio e amedrontado —, irá para uma instituição para trombadinhas. Vai apanhar todo dia, viu, moleque?!

— Pegue leve, sargento — disse a enfermeira. — Não piore o que está ruim!

O policial lançou um novo olhar sinistro ao garoto. Chegando ao hospital público, o menino foi amarrado a uma cama para não fugir. Os braços e as pernas, muito esfolados, receberam bandagens adequadas. Lúcia estava pensativa. Pensamentos sombrios teimavam em cair sobre ela.

— O fedelho te machucou muito mais do que seu pai a ele! — gritou uma entidade zombeteira não longe da médium. — Deveria deixá-lo aos leões!

Lúcia ignorou as palavras do espírito sombrio. O garoto estava cercado pelos guardas do hospital e por outros policiais que estavam ali. O camburão iria levá-lo à instituição correcional mais próxima.

— Ajude o garoto — disse Carlos, subitamente, a Lúcia. — Lute por ele!

— Só agora você me aparece! — Disparou a mulher, atraindo olhares das pessoas que estavam por ali.

Lúcia avançou pelo corredor e ficou ao lado do garoto que a ferira meses antes. O olhar vencido do menino, acreditando que seria seu fim, era desolador.

— Senhores — disse Lúcia, com uma voz carregada de energia —, esse menino, que mal tem dez anos, será levado a um orfanato em Jacarepaguá. Não será enviado a nenhuma instituição correcional. Vejam! Ele roubou para comer.

— A senhora é louca! — Riu um dos guardas.

— Não sou louca — redarguiu a pupila de João. — Sou professora. Se o senhor sabe ler, é graças a pessoas loucas como eu. Me respeite, eu exijo! E se não querem um grande escândalo, levemos essa criança para o orfanato! O resto é comigo!

— A senhora não tem autoridade! — disse o policial que acompanhara Lúcia desde o atropelamento.

— Ah, se tenho! — volveu a professora. — Sou uma profissional muito respeitada. Conheço certas pessoas que podem incomodar os senhores. Querem a televisão marcando seus rostos?

Lúcia não fazia ideia do que falava. Apenas sentia o poderoso influxo magnético de Carlos. A franzina professora de Língua Portuguesa parecia ter se agigantado ante os embrutecidos homens que cercavam um menino magro e amarrado.

Os homens capitularam. Ninguém queria problemas. A estranha mulher queria abraçar o moleque-problema? Então, que ela cuidasse dele! Os médicos que haviam atendido o acidentado balançaram a cabeça e afastaram-se rapidamente. Os documentos médicos foram parar nas mãos do sargento de polícia, irritado pelo seu dia ter sido estragado, que os jogou nos braços de Lúcia.

— Que se dane! — Rosnou o policial. — Vamos despachar esse trombadinha para o orfanato. Que ele apodreça lá até ficar maior de idade. Vai se encontrar comigo na rua quando for chutado para fora!

O grupo, incluindo Lúcia, entrou no camburão. O moleque, que não dera uma única palavra, foi atrás, jogado como um saco de areia. Lúcia, repetindo as palavras de Carlos, deu o endereço completo. Jamais a professora havia ouvido falar daquele lugar, mas fez o que a entidade dissera. Os policiais xingaram fervorosamente a professora e o menino. Era um lugar muito distante de onde estavam. Mas, ainda assim, os policiais atenderam ao pedido graças à intervenção dos espíritos benfeitores, que se desdobravam ante aquele drama.

Já era noite alta, quando a viatura policial encostou diante do portão do Lar dos Meninos Órfãos. Lúcia suspirou, aliviada. Era uma instituição espiritualista. Um homem, apoiado em uma bengala, apareceu na janelinha do portão.

— Trouxemos um trombadinha para vocês — rosnou o policial Guedes, o sargento que se apresentara ainda na praça tijucana — e uma professora louca. Fique com os dois!

Os policiais entraram no camburão, acionaram novamente a sirene e dispararam, desejando nunca mais encontrar aquela mulher estranha. Trêmula, Lúcia mostrou os papéis do hospital ao idoso, que estava em silêncio.

— Fomos avisados de que viriam — disse o velhinho, ajeitando os óculos. — Entre, professora Lúcia, e traga o pequeno Gabriel.

CAPÍTULO TRINTA E QUATRO

Lúcia e Gabriel entraram no Lar dos Órfãos. As mãos da professora estavam firmes no cangote do moleque. Ela sentia a respiração ofegante do pequeno ladrão e a fragilidade de seu corpinho esquálido.

O ancião, um dos fundadores do Lar, apresentou-se. Chamava-se Fernando. Rapidamente, o trio chegou ao escritório, e o dirigente do orfanato ofereceu a Lúcia o telefone. Em seguida, ofereceu biscoitos a Gabriel, que varria o lugar com os olhos na intenção de fugir.

— Você não vai conseguir fugir, Gabriel — disse Fernando, risonho, enquanto Lúcia conversava com Paulo. — Aqui, você encontrará um oásis de paz.

— Eu não vou ficar muito tempo nesta prisão, coroa — disse Gabriel pela primeira vez, e sua voz era desafiadora. — Pode crer nisso!

— Eu creio que você desejará ficar aqui, meu rapaz — emendou Fernando. — Lá fora, há perigos maiores do que imagina. Monstros que nem imagina.

Os olhos de Fernando pareceram brilhar para Gabriel, que engoliu em seco. O pequeno vira muita violência em sua curta encarnação, e a fome era um imperativo. Guloso, o menino comeu rapidamente os biscoitos ofertados. Minutos depois, duas senhoras surgiram pela porta com um sorriso no rosto. Eram duas trabalhadoras da instituição, que, avisadas por Fernando, estavam arrumando as acomodações para o menino que chegara.

— Essas duas senhoras — disse Fernando a Lúcia e Gabriel — chamam-se Sônia e Jane. Além de serem voluntárias aqui, são médiuns da instituição que nos mantém. Elas vão levar Gabriel para um bom banho e depois para um merecido descanso em um quarto particular. — O velho sorriu para o menino. — Uma noite num belo hotel, meu bom rapaz. Mas, amanhã, conhecerá os meninos e as meninas que vivem aqui. Seja bom, meu filho. Pode acreditar que, aqui, você terá uma boa vida, ainda que só por algum tempo.

Sem ter chance para protestar, Gabriel foi ladeado por Sônia e Jane, que escoltaram o menino para o banho e o posterior descanso. Os olhos de Lúcia acompanharam seu algoz se retirar sem dizer nenhuma palavra. A jovem médium vira inúmeros vultos indo e vindo pelo local, mas também temíveis entidades que se acotovelavam do lado de fora da instituição, aguardando a saída de algum dos endividados morais que estavam em corpos infantis.

— Fui avisado por Suzana — disse Fernando oferecendo uma xícara de café a Lúcia —, benfeitora que trabalha com o mentor João. Ela me disse que viriam.

Lúcia suspirou aliviada. Compreendia um pouco do que acontecera. Sabia quem era Suzana e o posto que ela ocupava no Castelo da Esperança.

— Tudo foi muito rápido — disse Lúcia. — Um misto de várias emoções...

Lúcia permitiu-se corar, e lágrimas rolaram por seu rosto cansado. Fernando, respeitosamente, baixou os olhos e ofereceu-lhe um lenço perfumado.

— Os documentos do pequeno Gabriel serão organizados — disse Fernando depois de um tempo. — Ele não existe para a sociedade, como muitos aqui. Mas nós dois sabemos que ele existe e precisa do nosso amor.

— Ele tem chance de ser adotado? — indagou Lúcia com a voz levemente embargada.

— Ele é considerado velho demais, preto demais e, certamente — respondeu o ancião —, agressivo demais por parte de eventuais candidatos a pais. O que podemos fazer é dar o nosso melhor.

Lúcia entendeu imediatamente aquela fala do veterano. Meia hora depois, Paulo tocou a campainha, acompanhado por Glória e pelo senhor Pacheco. O velho cavalheiro havia sido avisado de todo o acontecido pela mãe da professora.

Um largo sorriso estampou-se nos rostos de Fernando e Pacheco, quando os dois veteranos se abraçaram. Conheciam-se havia anos, tendo sido apresentados pela mãe do bondoso cavalheiro, que fazia as vezes de mentor reencarnado de Lúcia.

A situação fora controlada e o desfecho fora positivo, esse foi o parecer de Pacheco. Liderado pelos dois veteranos espíritas, o grupo proferiu sentida prece, e até mesmo Paulo pôde perceber as energias positivas banharem a todos. A noite havia avançado e a madrugada principiava os primeiros raios da luz solar. O grupo despediu-se de Fernando com a promessa de estreitar os laços fraternos. Ideias surgiam nos corações insones dos reencarnados. Haviam resgatado uma criança das ruas e da morte precoce. Agora, haveriam de fazer o mais difícil: moralizá-lo.

CAPÍTULO TRINTA E CINCO

Lúcia sabia que deveria fazer algo por Gabriel. O rancor pelo que ele lhe fizera era mais forte do que imaginara e, se não fossem as orientações da doutrina espírita, certamente, o menino poderia até estar morto, por conta da vingança que a professora de Língua Portuguesa empreenderia. A médium sabia que o silêncio de João e dos outros benfeitores significava que ela tinha o conhecimento suficiente para enfrentar aquele desafio. Pensou em adotar Gabriel, mas logo descartou a ideia. Era solteira e vivia na casa dos pais. Além disso, a repulsa que sentia era grande.

Dois dias depois do acidente, Lúcia conversou com os pais sobre adotarem o menino. Paulo respondeu socando a mesa da cozinha, e Glória soltou um sonoro "não".

— Nem pensar! — rugiu Paulo, depois de alguns segundos. — Colocar esse marginalzinho dentro de casa é assumir um grande risco de morte! Ele está muito bem onde está. — O taxista engoliu o pedaço de pão que estava em sua boca e sorveu um grande gole de café. — Ele te feriu. A lei de ação e reação o feriu. Estamos quites. E é só. Rezemos por ele. E só!

— Seu pai está certo, Lúcia — ponderou Glória. — Como eu e Paulo poderíamos criar esse menino? Somos velhos! Quando jovens, nós tivemos muita dificuldade contigo, imagine como seria lidar com uma criança de rua em nossa idade?

Lúcia, porém, estava cismada. Iria encontrar um caminho. Pegou o telefone e ligou para Eneida. A amiga de longa data ouviu o relato de Lúcia.

— Seus pais têm razão — comentou Eneida. — Um menino crescido na rua, violento, e que já a agrediu. Ele lhe deixou cicatrizes! Pelo que me disse, ninguém falou que não houve perdão pelo que essa criança fez, mas há preocupação pelo que ele possa fazer! Isso, sim, é o ponto grave da história!

— Mas eu sei que tenho de ajudar o Gabriel — insistiu Lúcia. — Porém, não sei o que fazer!

— Se Maomé não vai até a montanha — disparou Eneida —, a montanha vai a Maomé. É assim o ditado?

Lúcia considerou as palavras da amiga e percebeu nela muita verdade. Havia prometido voltar ao orfanato. Se potencializasse essa promessa, poderia contribuir com Gabriel e talvez com os outros internos.

Naquela noite, Lúcia orou clamando por João. Havia dias que não tinha qualquer notícia do mentor. De repente, sentiu a presença do mestre espiritual.

— Minha filha — disse João com seu habitual semblante simpático —, hoje temos uma missão. É necessário o desprendimento do veículo físico.

— Gostaria de lhe falar sobre os últimos acontecimentos — disse a médium.

— Sei do que se trata, filha — emendou a entidade. — O assunto será melhor tratado em desdobramento.

João direcionou suas vibrações magnéticas sobre Lúcia, que sentiu um poderoso sono. Em pouco tempo, a médium estava desdobrada e em perfeita consciência dos fatos que a cercavam.

— Lúcia — disse João com firmeza —, chegou a hora de enfrentar uma situação difícil. Forças, que fingiam estar adormecidas, começaram a se levantar.

— MacAlister — disparou Lúcia, sentindo uma pontada de medo tomar-lhe.

João não respondeu de imediato. Não precisava. A bondosa entidade, que vergava a aparência espiritual de um ancião negro, convidou a pupila a acompanhá-lo. A dupla percorreu caminhos dos quais, até então, Lúcia parecia não se recordar. Não era nem de longe similar ao Castelo da Esperança ou aos pontos vibracionais onde costumava ajudar os desencarnados necessitados. Mas Lúcia logo percebeu que estava na faixa vibratória conhecida como Umbral e em seus níveis mais densos.

Flecheiro, com seu cocar colorido, surgiu trazendo um grande arco em suas mãos. Logo em seguida, Antônio e Carlos, com mais três companheiros, surgiram também. Nenhum dos seres disse qualquer palavra. Momentos depois, Suzana, líder do Castelo da Esperança, e Maria do Rosário apareceram, serenas e resplandecentes.

— Lúcia — disse Suzana prontamente —, iremos a zonas muito densas, onde irmãos espirituais voltados ao mal se comprazem e se torturam. De lá, você veio em passado recente. As emanações tóxicas que sentirá podem e vão afetá-la. Se não fosse extremamente necessário, não solicitaríamos sua presença.

— Iremos até onde está meu inimigo — sentenciou Lúcia.

— Não pense assim — advertiu Suzana. — Se continuar com esse tônus vibratório, a missão fracassará. Você já foi muito pior do que ele.

Suzana e o grupo começaram a caminhada em direção à fortaleza plasmada no astral inferior. Lúcia seguiu-os. Sabia que a digna benfeitora estava correta, mas suas inclinações ainda estavam longe de serem ideais. A professora ponderou que os bons espíritos sabiam que a médium ainda não estava pronta e que somente uma situação extraordinária poderia obrigá-los a tomar a decisão de convocá-la para aquela ação.

Com Flecheiro à frente, cuja presença repelia os mais violentos espíritos, o grupo avançou. As densas vibrações fizeram Lúcia precisar do amparo de Carlos. O céu, naquela região do astral inferior, tornara-se escuro, e o próprio ar parecia ser difícil de respirar. A médium observara aquilo, mas nada dissera. Sabia que as entidades elevadas que a cercavam não se afetavam com aquela situação e que bem poderiam proceder de maneira muito diferente. Sabia Lúcia que o grupo de Mensageiros do Bem procedia daquela forma por sua causa.

Chegaram, por fim, a um profundo vale de extrema aridez. Grupos esfarrapados de entidades espalhavam-se, mas nenhum deles contestou a presença dos benfeitores. No fundo do tenebroso vale, onde mal se via alguma coisa, em meio a gemidos de dor e gritos de revolta, Lúcia, de mãos dadas com Carlos, vislumbrou a terrível fortaleza onde John MacAlister residia.

— Tenha fé, Lúcia — sussurrou Carlos, com um sorriso sutil no rosto juvenil. — Deus está conosco e com esses irmãos caídos, mesmo que não saibam. A luz sempre vence!

As altas muralhas negras e ameaçadoras estavam apinhadas de espíritos que vigiavam, soturnos, o grupo recém-chegado. De repente, em meio ao silêncio sepulcral que se instalara com a aproximação dos Trabalhadores da Luz, gaitas de fole ecoaram por toda a região de forma quase ensurdecedora. Gritos de desafio levantaram-se, e a horda de espíritos infelizes que estavam nas amuradas ergueram lanças e porretes. Lúcia, ante o espetáculo, agarrou-se a Carlos. Os olhos da mulher em desdobramento fixaram-se no cordão de prata que prendia seu espírito ao corpo físico, pensando em fugir dali.

Flecheiro, possante e temível ante os adversários, sacou uma de suas flechas e a disparou ao alto, provocando uma explosão de luz branca. O som das gaitas de fole cessou, e alguns obsessores recuaram. Houve silêncio. A entidade de aparência indígena, ladeada agora por Antônio, que revelava portar uma longa espada por baixo de seu manto negro plasmado para missões daquele tipo, ergueu o longo arco em desafio.

O desafio veio. Uma enorme lança foi atirada em direção à dupla e caiu a poucos metros de distância do Caboclo. O portão abriu-se, e uma entidade tão alta quanto Flecheiro, usando um elmo pavoroso com chifres afiados, se aproximou. Uma clava cheia de espinhos estava em suas mãos. Flecheiro, impassível, adiantou-se. Sem aviso, o guerreiro das trevas atirou-se contra o nobre comandante do Castelo da Esperança.

Flecheiro não buscou outra flecha. Esperou. Havia anos sem conta, realizava o penoso trabalho de enfrentamento ao mal nas zonas inferiores, mas Carlos dizia a Lúcia que aquela poderosa entidade era doce e amava a música. No momento supremo, em que o guerreiro das trevas estava quase sobre o Caboclo, este bradou, fazendo o ar reverberar. Usando o próprio arco, Flecheiro o bateu contra a clava gigantesca do adversário. Novo clarão de luz branca cegante. A arma maligna desfez-se, e o alto capitão da fortaleza do terror caiu para trás. O elmo partira-se. Desorientado, o obsessor não conseguia levantar-se. Agarrando o caído pelo pescoço, Flecheiro ergueu-o com incrível facilidade, enquanto a turba uivava e gritava.

— O mal nunca vencerá o bem! — disse Flecheiro ao vencido. — O mal resulta apenas em sofrimento e pequenez! Abra seus olhos para a verdade!

Flecheiro arremessou o derrotado para longe, que caiu pesadamente. Lágrimas de vergonha corriam de seus olhos agigantados e vermelhos. Rastejando, fugiu para longe, com as duras palavras de Flecheiro impressas em sua mente. O bondoso espírito, sem vangloriar-se, virou-se para as muralhas da fortaleza. Novamente, o silêncio.

— Uma demonstração de força — disse uma voz macabra, fazendo Lúcia apavorar-se ainda mais —, mas meu soldado foi muito afobado contra um guerreiro de renome como é Flecheiro!

John MacAlister surgiu pelo portão aberto. Trajava armadura, mas o *kilt* escocês era visível nas cores que seu clã usara no passado distante. A face deformada do chefe cruel daquela falange maligna fitou o impassível Flecheiro e, então, se dirigiu para Lúcia. Todos ali sabiam que MacAlister não era, nem de longe, comparável ao obsessor vencido no primeiro confronto.

— Mary Sullivan! — gritou MacAlister para Lúcia. — Pode mudar de rosto, pode mudar de nome, mas sempre será a vil assassina Mary Sullivan! Você me deve e vai me pagar!

— John — disse João, adiantando-se com Suzana para junto de Flecheiro, que não recuara —, sabemos de seus planos. Você rompeu a trégua.

MacAlister bufou. Não pareceu envergonhado. Um sorriso horrendo estampou-se na face do cruel obsessor.

— Mary é minha! — disparou MacAlister.

— Não é — retrucou calmamente João, para irritação do líder daquela falange sombria.

— Toda a sua trama foi revelada e desfeita — disse Suzana, fazendo MacAlister pôr suas mãos na espada. — Os bandos que agiam em seu nome estão sendo desbaratados neste momento. As famílias que você iria atacar, com o intuito de desestabilizar Lúcia, estão protegidas. Nem mesmo Gabriel poderá agir em seu nome agora!

Lúcia sabia que MacAlister estava por trás do ataque de Gabriel contra ela, mas não fazia ideia de que outras pessoas estavam em perigo por causa dela. A médium desdobrada libertou-se do abraço de Carlos.

— Lembre-se de onde está — disse o modesto protetor. — Lembre-se de Jesus.

Lúcia ponderou as palavras do amigo espiritual. Os ensinamentos adquiridos brotaram em sua mente. O orgulho ferido estava lá, mas o Evangelho do Cristo também.

— MacAlister — disse Lúcia, chamando a atenção para si —, nossa rixa dura muitos anos. Apenas agravamos nossas dores. Eu, com a liberdade que os ensinamentos do Cristo proporcionam, o perdoo. Isso é libertador para mim! Ah, meu caro irmão, não é fácil, mas eu realmente o perdoo!

MacAlister, revoltado, gritou. Furioso, sacou sua espada. Os olhos do cruel obsessor pareciam que iam explodir das órbitas.

— Não! — esbravejou MacAlister. — Mil vezes não! Não se resolverá assim nossa rixa de sangue! Não bastarão suas palavras vãs! Sinto seu ódio por mim! Sinto que quer lutar comigo! Vou persegui-la até o fim! Seus pais! Seus amigos! Seus sobrinhos! Caçarei cada um dos seus amantes!

— E, ainda assim, com todas as minhas imperfeições, eu o perdoo — volveu Lúcia. — Não vou pagar o mal que me faz com o mesmo mal. Não posso amá-lo ainda, MacAlister, mas, pelo menos, com o que já aprendi, não lhe desejo mal. Tudo o que fiz a você se voltou contra mim. Estou empenhada em me redimir. Não é você meu juiz, mas minha própria consciência que me penaliza!

Novo grito do implacável obsessor. Irado, ele lançou-se contra Flecheiro, que se desviou silenciosamente. João e Suzana também não podiam ser atingidos pela lâmina de John.

— Boas palavras — disse MacAlister, de repente —, ditas enquanto está cercada por guardiões poderosos. Mas lembre-se de que eles nada poderão fazer se você mesma abrir a porta para mim, exatamente como aconteceu antes. Assim, terei minha vingança.

CAPÍTULO TRINTA E SEIS

Após essa fala, MacAlister regressou à sua fortaleza, sentindo-se triunfante. O grupo de benfeitores escoltou Lúcia até seu corpo físico. A médium guardaria todas as impressões que vivenciara durante o desdobramento. Ao despertar, lágrimas vieram ao rosto da jovem. Que ódio terrível a ligava a MacAlister. Mas venceria, prometeu a si mesma.

No entanto, algo havia se modificado em Lúcia. Fora realmente necessário o embate entre ela e John MacAlister. As palavras que ela dissera ao perseguidor espiritual tinham lhe dado uma nova perspectiva das coisas e uma energia jamais sentida. Finalmente, compreendia algumas lições do Evangelho que, antes, ela repetia maquinalmente. Essa constatação, de fato, era libertadora.

O tempo, incansável, correu. Lúcia organizou um projeto que formava uma parceria do centro espírita com o lar dirigido por Fernando e a instituição que gerenciava o orfanato. Campanhas foram feitas para a aquisição de insumos que escasseavam no lar. Também ingressou no grupo de evangelizadoras de Sônia e Jane. A distância entre Jacarepaguá e a Tijuca era grande, e coube a Paulo realizar o trabalho de acompanhar a filha — era um processo educacional para ele mesmo.

O pequeno Gabriel, por sua vez, resistia a toda manifestação de carinho, e sua agressividade com as demais crianças era difícil de lidar. Fernando, porém, insistia, junto com a equipe de trabalhadores do orfanato. Com a chegada de Lúcia, não só o trato com Gabriel foi facilitado, mas também com as outras crianças.

O ano de 1982 chegou. Lúcia prosseguia em seu trabalho de soerguimento moral. Sentia-se sozinha como mulher, mas entendia que aquela fase era necessária. Suas aulas, cada vez melhores, eram reconhecidas pela maior parte dos alunos e de suas famílias. No centro, suas atividades eram cada vez mais numerosas. Atuava agora no suporte vibracional das sessões de desobsessão e nos passes magnéticos, além de atuar no serviço de evangelização infantil e como corresponsável pelo grupo de estudos de *O Evangelho Segundo o Espiritismo*. Recusava, porém, convites para proferir palestras ou quaisquer postos que pudessem colocá-la em evidência social no Movimento Espírita.

Era noite, e Lúcia e Cláudia estavam planejando uma campanha de doação de mantimentos. As duas mulheres conversavam animadamente. Os olhos de Lúcia fixaram-se na tribuna, onde tantas palestras foram proferidas. João estava ali. O bondoso mentor aproximou-se das tarefeiras, e Cláudia, percebendo a chegada de algum ser de luz, silenciou respeitosamente.

— Filha — disse João serenamente —, nosso grande amigo, Gaspar Pacheco, regressou à pátria espiritual juntamente com seu irmão. Louvemos ao Pai Celestial, pois ambos venceram!

Lágrimas surgiram nos olhos de Lúcia. Abraçando a anciã que estava à sua frente, a professora chorou. Amava imensamente o velho cavalheiro, que havia sido fundamental para sua recuperação moral. Cláudia, com lágrimas discretas, ouviu o breve relato da confreira e orou a Deus agradecendo a oportunidade de ter conhecido tão distinto amigo.

Momentos depois, o telefone tocou. Elmo, um dos trabalhadores do centro espírita, ligava para formalizar o comunicado dos desencarnes. Logo, todas as instituições espíritas e espiritualistas de Gaspar e Getúlio, cuja saga evolutiva é narrada em outro lugar[3], foram informadas. Correntes de orações, doces e elevadas, direcionaram-se aos irmãos recém-desencarnados.

Os corpos dos irmãos, porém, haviam sido tragados pelo mar tempestuoso, mas nenhum daqueles que conheciam os ensinamentos dos espíritos superiores lamentaram a ausência dos restos mortais de tão dedicados tarefeiros do bem. Lamentavam, sim, todos eles, a ausência momentânea de Gaspar e Getúlio, pois a bondade que espalhavam, sobretudo nos momentos mais dolorosos, já fazia falta para todos.

Glória e Paulo, abraçados a Lúcia na sessão dedicada aos irmãos Pacheco, eram imensamente agradecidos ao velho seareiro, Gaspar, pois, sem ele, sua filha teria sofrido muito mais.

— Senhor Pacheco está bem — disse Lúcia, sorrindo. — Ele venceu. Ajudou muita gente, como fez conosco. Antes que imaginemos, teremos notícias dele! Sem dúvida, o senhor Irineu já deve estar ao lado do amigo de tantos trabalhos!

Quando Lúcia chegou ao orfanato, seu coração ainda estava magoado pelo desencarne de Pacheco. Após algumas

---

3 Na obra *As portas do tempo*, publicada pela Editora Vida & Consciência.

atividades junto com as trabalhadoras do local, sentou-se à sombra de uma venerável mangueira. Para abraçar aquela árvore, era necessário um número de dez pessoas. Fernando dizia, enfático, que a gigantesca mangueira fornecia uma quantidade respeitável de energia, que era manipulada pelos trabalhadores espirituais que ali atuavam na descarga de vibrações ruins.

— Ei, tia, por que está com essa cara feia? — disse uma voz atrevida. — Perdeu a novela?

Lúcia virou-se. Era Gabriel. No orfanato, o menino ganhara peso, embora ainda fosse magro, e seus olhos ladinos pareciam ter ganhado força. A criança se achava líder dos meninos e das meninas internos, e grande era o esforço da equipe do orfanato para educá-lo.

— Não perdi a novela — respondeu Lúcia. — Um professor meu desencarnou.

— Desen... o quê? — indagou a criança aproximando-se.

— Um senhor de idade, muito elegante, que veio ver você junto com meu pai, assim que chegamos aqui — respondeu Lúcia. — O nome dele era Gaspar Pacheco.

— Está surpresa com a morte de um velho? — volveu Gabriel, sorrindo.

— A morte do corpo é um fato, Gabriel — disse Lúcia —, mas isso não alivia a dor da saudade. O senhor Pacheco é um grande homem, muito sábio — maquinalmente, a professora indicou para que o menino se sentasse ao seu lado no banco de cimento gasto. — O espírito dele agora está na pátria espiritual. Em breve, ele dará notícias. Isso é uma certeza.

— Fantasmas! — Riu o garoto. — Eu ouço sobre isso nas aulas da tia Lolô. Uma bobagem! Igual ao Papai Noel!

Lúcia fitou Gabriel. Fazia todo sentido que uma criança como ele, desprovida de tudo, não acreditasse na mágica do Natal. Sentiu pena do seu antigo adversário.

— Tudo tem uma explicação, Gabriel. — Começou Lúcia. — O que não entendemos hoje, entenderemos amanhã se nos esforçarmos para buscar o conhecimento. Os fantasmas existem sim, mas não como vemos nos filmes e livros. Vai dizer que você nunca viu um vulto por aí ou nunca ouviu uma voz te chamar?

Gabriel silenciou. Não havia mais ironia em seu rosto infantil. Ele aproximou-se de Lúcia. Aquele antigo e imortal espírito era apenas uma criança reencarnada.

— Sinto olhos me vigiando — balbuciou o menino. — Sim, já ouvi vozes. Palavras que não entendo, na maior parte do tempo.

— A solução para resolver isso é a oração e o estudo com a Tia Lolô, Gabriel — disse Lúcia, respeitosa. — Um dia, você entenderá a razão de ter passado por tantas dificuldades. Saiba que Deus o ama, apesar de acreditar no contrário.

— Por que a senhora não me matou quando teve a chance? — perguntou Gabriel, depois de alguns minutos em silêncio.

— Não se paga o mal que nos fazem com vingança. — Disparou Lúcia.

— Devemos fazer o bem — murmurou Gabriel, repetindo os ensinamentos da evangelização infantil, que assistia a contragosto.

— Sim — concordou a mulher. — Um dia, eu e você seremos grandes amigos.

— Como a senhora era amiga do senhor Pacheco? — volveu Gabriel.

— Sim, com certeza — respondeu a professora, com uma lágrima correndo em seu rosto.

CAPÍTULO
TRINTA E SETE

A era dos militares acabara. Novamente, o povo brasileiro podia eleger diretamente seu presidente. Lúcia e muitos confrades haviam se engajado nas manifestações que pediam o fim do regime militar, que, por mais de vinte anos, governara o Brasil. Os tarefeiros espíritas valeram-se do livre-arbítrio para atuarem nas manifestações que tomaram o país, e os benfeitores espirituais respeitaram, como sempre, as decisões dos pupilos. Até mesmo Paulo, antigo entusiasta do regime em seus primeiros anos, participara ativamente do movimento popular que se manifestara.

Paulo, naquele ano de 1985, aposentou-se, mas continuou com o táxi alugado para complementar a renda. Ele, que estreitara os laços de amizade com Gambá, todos os anos insistia para o amigo passar a Páscoa e o Natal em sua casa. O morador de rua, porém, sempre recusava. O ancião, que lutara na Segunda Guerra Mundial, simplesmente ignorava os convites do amigo. Com a ajuda de Paulo, Fernando, no alto dos seus oitenta e nove anos, conseguiu matricular os jovens do orfanato, a partir dos quatorze anos, em diversos cursos técnicos, aumentando as chances das crianças na vida após o período na instituição.

Naquele ano turbulento, caminhava pela famosa rua da Alfândega, no centro da cidade. Buscava materiais para fazer atividades com as turmas de evangelização. Com ela, suas amigas inseparáveis, Eneida e Ester. Carregando diversas bolsas, as mulheres comentavam sobre os novos ares que se assomavam sobre o país e a esperança que todos sentiam.

— Lúcia! Ester! — ecoou uma voz feminina, carregada de emoção. — Eneida!

As três, surpreendidas, reconheceram a dona daquela voz. Emocionadas, elas viraram-se e depararam-se com Janice, que anos antes tivera de se exilar do país. A Trinca de Ouro abraçou fortemente Janice, e muitos beijos e abraços aconteceram. Eneida, rapidamente, deu a ideia de o grupo correr para uma lanchonete que havia na esquina.

Pouco depois, as amigas, segurando esfirras e refrescos, contavam as novidades. A verdade é que, após a saída de Janice do Brasil, com a ajuda de seus familiares, a então jovem estudante passou uma grande peripécia até se estabelecer em Londres, na Inglaterra. As amigas, que haviam escapado da invasão da polícia na universidade, ficaram muitos anos sem ter notícias de Janice, mas a espiritualidade amiga sempre informava que a exilada estava bem, embora com uma vida difícil. Com a anistia, porém, Janice não retornara, mas passara a se corresponder por cartas com os amigos. Dessa forma, a Trinca de Ouro sabia que Janice se apaixonara por um jovem inglês chamado Ian Holmes e se casara com ele.

— Por que você não nos avisou de que estava no Brasil? — indagou Lúcia, após engolir uma porção da deliciosa esfirra de espinafre, que era feita pela família árabe que administrava o local.

— Eu queria fazer uma surpresa — respondeu Janice, enxugando as lágrimas que haviam borrado sua maquiagem. — Cheguei ontem. Vim com todo mundo: marido e filhos. Eu estava aqui, justamente para comprar umas coisinhas para a casa da mamãe. A ideia era aparecer na casa de vocês no sábado!

Por toda a tarde, o grupo conversou, riu e até chorou lágrimas de alegria. Com promessas de uma reunião bem organizada, a Trinca de Ouro despediu-se de Janice no ponto de ônibus.

Naquela noite, no centro espírita, Lúcia conversava com um casal que enfrentava diversos problemas conjugais. Nos últimos dois anos, ela estava com aquela incumbência determinada pelo benfeitor espiritual Lucas. A médium dedicava-se à orientação doutrinária de algumas pessoas que ali chegavam buscando conselhos. A professora, porém, sentia-se hipócrita em dar orientações de qualquer tipo a um casal, pois era solteira e jamais conseguira permanecer mais do que seis meses com algum namorado. Havia anos, tivera o último relacionamento. Carlos alertou João sobre a angústia da pupila, e o sábio, assim que pôde, partiu para o templo espírita. Lá, encontrou a jovem professora sentada sozinha na assistência, no grande salão.

— Salve, minha filha — disse o bondoso mentor. — O que a aflige?

— Me sinto hipócrita em falar sobre união de casais — disse Lúcia, num muxoxo. — Não tenho marido nem namorado. Estou envelhecendo e fiquei para "titia". Como falar adequadamente com um casal que está com problemas conjugais?

— Lúcia — disse João, respeitoso como sempre —, você já entende que a solidão lhe é necessária. Sabe que toda a sua atividade como orientadora doutrinária é baseada na codificação espírita. Dessa forma, metade da sua angústia é debelada com esse fato — o bondoso espírito continuou: — Sobre a eventual hipocrisia de falar sobre algo que não conhece, imagine que aquilo que sabe sobre suas reencarnações anteriores envolveram matrimônio... — O mentor sorriu para a pupila. — Todas as suas relações conjugais falharam grandemente, sendo assim, esse hiato, na atual reencarnação, é necessário para que você possa amadurecer em pontos importantes, e, no futuro, a questão do matrimônio lhe será colocada. Sugiro que aproveite esses momentos de aconselhamento a terceiros e guarde todos os casos em sua mente. Analise-os de forma imparcial. Medite sobre esses dramas e se coloque neles. Por fim, se o irmão Lucas lhe delegou essa tarefa, com minha ciência e concordância, é porque você, minha filha, dará conta.

Lúcia ouviu atentamente as palavras do mentor. Eneida e Balbina, que agora se valia de uma bengala, chegaram logo após a ida de João. As duas mulheres aproximaram-se com a veterana, percebendo que o nobre João estivera ali.

CAPÍTULO TRINTA E OITO

— Vamos logo, trombadinhas! — exclamou Paulo, apressado, a Gabriel e aos dois meninos que faziam o curso de Mecânica em uma respeitabilíssima instituição pública de ensino técnico. — O trânsito está pior que o normal!

— Estamos indo, coroa! — volveu Gabriel, em tom de desafio. — Estamos prendendo o Rei!

Rei era o cachorro que vivia no orfanato. Era um filhote quando apareceu na porta da instituição, magro e faminto, que se tornara um belo cão negro, dócil, porém, vigilante. Gabriel apegara-se a Rei grandemente.

Paulo esperou pacientemente o garoto que atropelara sem querer. Ainda era arredio com o garoto que ferira, anos antes, sua filha, mas, por insistência de Lúcia, o velho taxista passou a conviver com Gabriel, levando-o e aos demais alunos ao importante curso profissionalizante.

Gabriel desenvolveu-se bastante desde que foi levado para aquela instituição. Viu crianças chegarem e partirem. Um ou dois casais até tinham se interessado em adotá-lo, mas sempre acabavam levando outra criança. O velho Fernando sempre consolava os internos que permaneciam com palavras esperançosas, mas realistas. E surgiu no antigo garoto de rua um grande respeito, e depois amor, pela figura venerável de Fernando, cuja casa era vizinha ao orfanato.

O ancião era viúvo havia muitos anos, e seus filhos e netos moravam em outra parte da cidade. Logo, Fernando tinha uma vida plena com as atividades do orfanato e no centro espiritualista que compunha. No fim daquele ano, porém, o veterano enfartou em sua casa e imediatamente desencarnou. Curiosamente, Fernando reunira a criançada no dia anterior, após a aula, em uma grande festa. O médium contou histórias, riu e até ensinou aos pequenos pupilos passos de dança havia muito ultrapassados. Quando a notícia do desencarne do amado Fernando chegou às crianças por meio de Tia Jane, houve muita tristeza, sobretudo de Gabriel, que, agarrado com Rei, chorou amargamente.

Ao saber do passamento do nobre sábio, Lúcia foi imediatamente com seus pais ao orfanato. Sabia que a ferocidade de Gabriel poderia ressurgir. Ambrósia, a enfermeira que cuidava de Fernando e quem descobrira seu corpo inerte, havia notificado, por telefone, a todos os contatos do venerável seareiro.

— Olá, Gabriel — disse Lúcia, encontrando o menino sob a copa da frondosa mangueira. — Hoje é um dia triste.

— Agora sei exatamente como a senhora se sentiu quando o senhor Pacheco morreu — disse Gabriel, com o rosto encharcado de lágrimas amargas. — Perdi meu amigo! O único amigo que eu tinha! Fiquei agora só com o cachorro!

— Senhor Fernando está caminhando na luz agora — disse Lúcia cuidadosamente. — Dará notícias assim que possível. O trabalho dele na Terra é muito importante e agora ele vai nos ajudar e proteger de outra forma. — A mulher acariciou Rei e depois o cabelo negro do menino triste. — Você não perdeu seu amigo. O senhor Fernando continua contigo e sempre estará em sua companhia.

— Eu não acredito nisso — volveu Gabriel, teimoso. — Ele vai ser enterrado e acabou-se! Meu amigo morreu!

— Bem, acredite assim se quiser — retrucou Lúcia maternalmente. — Mas ainda assim terá as recordações dos momentos em que vivenciaram muitas coisas. E saiba que Fernando não era seu único amigo. Eu sou sua amiga. Meu pai, o "velho mal-humorado", também, por incrível que pareça.

— Na verdade, o apelido do seu pai é "velho capeta". — Sorriu o menino. — Mas é gente boa. Nos dá bons conselhos quando nos leva ao curso. Eu sei que ele não gosta muito de mim, mas me respeita muito, apesar de ter me atropelado.

O menino e a mulher olharam-se sorrindo. O vento farfalhava ruidosamente a copa imensa da venerável árvore. Quantas histórias aquela velha mangueira havia conhecido, ponderou Lúcia. Rei, o leal cachorro, estava com sua cabeça sobre o colo do menino.

— O que vai acontecer com o orfanato? — perguntou Gabriel.

— Jane assumirá as coisas que Fernando fazia — disse Lúcia. — Vocês ficarão bem. As mudanças acontecem em tudo na vida e precisamos nos acostumar com elas. Uma coisa é certa: você continuará protegido aqui.

— Eu sempre quis saber como o senhor Fernando sabia meu nome — disse Gabriel depois de algum tempo. — Lembra-se disso, tia? Quando chegamos aqui pela primeira vez?

— Ele nunca falou sobre isso contigo? — volveu Lúcia, sorrindo.

— Não — respondeu categoricamente o garoto.

— Ora! — disse Lúcia. — Foi um espírito, um fantasma quem contou para ele quem era você! Imagine, um fantasma!

CAPÍTULO TRINTA E NOVE

A terrível doença que ficaria conhecida pela sigla aids devastava o mundo. Uma enfermidade fulminante, de início silencioso e associada a muito preconceito. As notícias que chegavam aos jornais impressos e televisivos vinham cheias de preconceitos subliminares, que eram repetidos e ampliados pelas ideias equívocas de grande parte da população.

A Espiritualidade Superior, porém, exortava ao amor incondicional, em que não havia espaço para julgamentos de qualquer ordem. Mediante o caos econômico que o país atravessava e a explosão de casos de aids no Brasil, os mentores espirituais do centro determinaram que um grupo de trabalhadores fosse aos hospitais levar consolo aos que padeciam. Antes que a missão fosse executada, porém, o mentor Lucas orientou ao grupo de cinco trabalhadores, incluindo Lúcia e Eneida, que se dedicasse todo fim de noite ao estudo de *O Evangelho Segundo o Espiritismo*, além de informar que a preparação prosseguiria no plano espiritual, no Castelo da Esperança, sob supervisão direta de Suzana.

— Meu marido vai me matar — disse Eneida a Lúcia. — Ele tem reclamado que estou cada vez mais envolvida com as coisas do centro!

— Primeira caridade é sempre no lar — volveu Lúcia. — Depois, vem o restante. Você entrou para o centro no momento certo. — A professora meditou um pouco sobre as palavras que diria. — Seu esposo será osso duro, mas você deve tentar. Se não acontecer, o mentor Lucas e os demais irão compreender. Mas é importante que você tente!

Realmente, Eneida teve dificuldades em seu lar. Porém, Leonor, benfeitora espiritual que tinha a mulher por pupila, atuou e contribuiu para que a mulher pudesse entrar no difícil serviço.

Em algumas semanas de dedicado preparo em ambos os planos da vida, o pequeno grupo de seareiros recebeu o aval do irmão Lucas. Reginaldo, que ocupava a presidência do centro naquela época e era médico, articulou a primeira missão da equipe.

Todos os tarefeiros reencarnados podiam perceber seus amigos espirituais. Havia muito preconceito em cada um dos trabalhadores do modesto centro espírita. Era servindo que cada um daqueles endividados morais iria vencer o terrível preconceito. Todos os anos de estudo teórico e modesto serviço fraterno em várias frentes culminavam naquele projeto trazido pela espiritualidade amiga.

— Veremos quadros terríveis — anunciou Reginaldo. Pessoas em sofrimento excruciante. Lembremo-nos de Jesus lavando os pés dos discípulos! Vamos! Bom ânimo! Cristo está conosco!

A vibração da voz do médico, oriundo do estado de São Paulo, encheu o grupo de confiança. Tomaram dois automóveis e rumaram ao hospital que reunia grande número de vítimas da aids.

Naquela época, essa terrível doença era equivocadamente associada aos homoafetivos, prostitutas e viciados em drogas. Os encarnados haviam recebido da mídia uma enxurrada de informações errôneas. Se não fosse o manancial iluminado dos ensinamentos do Cristo, certamente todos eles teriam recusado aquela tarefa.

O cenário era desolador. A grande maioria dos enfermos era de homens de aspecto cadavérico. Lúcia fitou João com lágrimas malcontidas, e o mentor nada disse. Nada tinha a dizer agora. Espíritos enfermos circulavam por todo o hospital, alguns gritando em agonia, outros clamando por vingança. Espalhados, verdadeiros heróis da Espiritualidade Superior trabalhavam duramente. Lúcia, muda, testemunhou todo esse cenário.

— Fé! — disse Reginaldo baixinho. — Coragem! Somos Cristãos!

Com *O Evangelho Segundo o Espiritismo* nas mãos, cada um dos cinco tarefeiros respirou fundo e apresentou-se ao serviço de amor. Os médicos e enfermeiros do triste hospital balançaram a cabeça, certos de que aqueles "religiosos" estavam perdendo tempo com aquelas pessoas, que, na visão deles, tinham se esquecido de morrer. Ao lado dos leitos, cada um dos tarefeiros perguntou ao enfermo se poderia fazer uma oração e conversar. Muitos "não" foram ditos a eles, que respeitaram imediatamente.

No entanto, um dos enfermos, um magérrimo homem na casa dos trinta anos, aceitou a oração. Billy era seu nome. Lúcia abriu o livro da codificação aleatoriamente, após fazer um sentido pai-nosso. Era o capítulo cinco da formidável obra, e o item era intitulado "A felicidade não é deste mundo".

Enquanto falava, a médium sentiu o poderoso influxo magnético de João. Os gemidos haviam silenciado nos dois planos da vida. A voz de Lúcia reverberava paz e consolação.

— Muito obrigado, minha santa — disse Billy com a voz fraca. — Posso ver ao lado minha Padilha junto a um venerável preto-velho.

Era verdade. Uma entidade da falange de Maria Padilha estava ao lado de João. A entidade sorria e confortava seu protegido. Estaria com seu médium até o fim, soube Lúcia.

— Muito obrigado, minha jovem — disse a entidade de belíssima aparência e de vibração intensa, revelando sua grandiosidade moral. — Meu menino partirá deste mundo em breve. Seu acalanto fará muito bem a ele. Volte por favor.

Billy adormeceu. Estava no estágio avançado da doença implacável. Seu desenlace aconteceria em questão de pouquíssimo tempo. Padilha e João, novamente, cumprimentaram-se, e Lúcia sentiu toda a vibração de gratidão da entidade.

Mais tarde, após o trabalho junto aos enfermos, todos os tarefeiros choraram imensamente na calçada do hospital. Não faziam a menor ideia do sofrimento que os enfermos enfrentavam. Quase todos ali haviam sido abandonados pelos familiares e alvo de tenebrosos adversários espirituais, mas também viram a luz da fé no olhar de alguns, como acontecera com Billy.

Pondo-se de joelhos, Eneida, com o rosto banhado em lágrimas, agradeceu a Deus pela oportunidade de servir, rememorando o esforço de Jesus em curar tantas chagas. Os demais, logo que viram a confreira ajoelhar-se, fizeram o mesmo.

Transeuntes que passavam por ali acharam a atitude ridícula. Junto aos trabalhadores reencarnados, os amigos espirituais também oravam, agradecendo a dádiva do amor.

CAPÍTULO

QUARENTA

Uma vez por semana, o quinteto de trabalhadores do centro rumava para o hospital. Com o tempo, passaram a ser aceitos pela equipe médica, que relatava que o vigor e o ânimo de muitos pacientes melhoravam. "Morriam com mais dignidade", disse certa vez o médico Manuel Loureiro, um dos responsáveis por aquele serviço.

Billy desencarnou três dias depois da primeira visita dos tarefeiros após cantar um salmo, o Hino da Umbanda, e um ponto cantado, uma prece cantada, melhor dizendo, de Maria Padilha. Dias depois, informaram Lúcia de que um grupo de valorosos guias espirituais afastara os rivais das sombras e levara o recém-desencarnado a uma colônia espiritual para o devido refazimento. Um mês depois, Maria Padilha manifestou-se no centro espírita através de Balbina e agradeceu imensamente ao grupo que fora ao hospital.

Nas férias de meio de ano, em 1989, Glória, cuja visão piorara consideravelmente nos últimos anos, decidiu passar alguns dias em Petrópolis com a família. Lúcia, que naquela altura da vida dedicava todos os seus dias às atividades do centro, não gostou da ideia.

— Você vive enfurnada na sala de aula e no centro — disse Glória. — Nós duas sabemos que o fanatismo é atraso de vida!

— Não é fanatismo, mãe — volveu Lúcia, irritada. — Tenho compromissos firmados.

— Seu maior compromisso é comigo, que sou sua mãe! — exclamou a idosa. — Nós vamos a Petrópolis e pronto! André Luiz não ensina que os tarefeiros precisam relaxar? Então, está decidido.

Glória fazia alusão ao nobre espírito André Luiz, que atuava junto ao amoroso médium Chico Xavier. Lúcia pensou em contra-argumentar, ponderando que fora ao cinema com as amigas no mês anterior. Mas pensou e resolveu acatar a ideia da mãe.

Quando chegou do trabalho, Paulo gostou da sugestão da esposa. O veterano aprovou a ideia imediatamente.

— Podemos levar Gabriel — disse o taxista à família. — Ele vai gostar.

Paulo e Gabriel haviam desenvolvido uma grande amizade. O que começara em desastre se tornara tolerância, depois respeito e, por fim, amizade e carinho. Depois de concluir o curso de Mecânica, Gabriel, junto com outros dois companheiros, arranjou emprego em uma grande oficina mecânica graças à ajuda de Paulo.

— Levar Gabriel? — indagou Lúcia. — Não é demais?

— Não acho — respondeu Paulo. — Ele pode aprender bastante na viagem à cidade imperial. Vocês podem andar pelas lojas, e nós dois iremos fazer algo que preste!

— Você está é velho para carregar nossas bolsas, isso sim! — Riu Glória.

— Adivinhou! — concordou o outro.

Gabriel recebeu a notícia com entusiasmo. Jane, que administrava o orfanato, liberou o rapaz na mesma hora. A diretora preocupava-se muito com Gabriel e com os outros dois, pois estes estavam prestes a completar dezoito anos e teriam de ir embora da instituição. A tarefeira, porém, confiava na espiritualidade liderada por Jesus.

No dia seguinte, a família, incluindo Gabriel, partiu para a belíssima cidade serrana. Ficariam três dias em um modesto hotel. Durante a viagem, o salutar ar puro enchia os pulmões dos viajantes, e Glória, com sua voz de contralto, entoou belas canções. Para Gabriel, um novo e verdejante mundo descortinava-se diante dele. Embevecido, o rapaz não reparou na perigosa estrada onde estavam, pois seus olhos iam das nuvens até as florestas que iam ficando metros para baixo.

Após se instalarem no hotel, Lúcia resolveu ir direto comprar uma roupa nova para Gabriel. O rapaz tentou recusar, mas em vão. De roupa nova e com mais algumas na velha mochila, o rapaz e seus antigos desafetos almoçaram em um belo restaurante. Paulo contava ao jovem mecânico a história da cidade e falava sobre as grandes personalidades que tinham vivido ali.

Visitaram a incrível casa de Santos Dumont, um gênio nacional, e depois o glorioso Museu Imperial. Glória e Lúcia encantavam-se com os jardins das casas da cidade.

A noite, por fim, caiu, fria e estrelada. A professora e sua família, bem agasalhados, visitaram o Centro Espírita Casa de Jesus e ouviram uma magnífica palestra que girou em torno da Parábola dos Talentos. Gabriel, que discretamente havia ficado insatisfeito com aquela programação, acabou fisgado pela oratória de uma gentil senhora, que tinha a responsabilidade da palavra naquele dia.

Geórgia Moura, a oradora, abraçou Lúcia após a palestra. Haviam realizado algumas tarefas juntas. Viúva, a moradora de Petrópolis realizava grandes obras em nome da caridade em tempo integral.

— Soube que é um sucesso o trabalho que vem realizando com os irmãos que padecem de aids — disse Geórgia, saboreando um delicioso chocolate quente com os visitantes. — Vocês inspiraram outros grupos a fazer também!

— É um trabalho muito difícil — comentou Lúcia. — Muitas derrotas, contudo, cada vitória vale a pena! — Sorvendo um pouco da bebida que encantara Gabriel, a professora prosseguiu: — Ninguém do grupo acha que está enxugando gelo, mas muitos que chegam até nós para contribuir acabam não aguentando a carga emocional.

Houve silêncio. Lúcia contemplou a noite gélida da cidade serrana. Paulo e Gabriel tinham se levantado e conversavam sobre motores. Glória meditava, com os olhos fixos em sua xícara, novamente cheia de chocolate, sobre como deveria ser bom viver naquela cidade.

— Há uma clínica particular — prosseguiu Geórgia, que sentia poderosos influxos magnéticos de sua benfeitora espiritual, cuja aparência hindu era belíssima — que conta com alguns enfermos. A aids está em todos os cantos do mundo agora.

Lúcia percebeu a presença de alguma entidade atuando sobre a amiga. Buscando elevar seu tônus vibratório, a médium observou a mentora espiritual. Entendera o recado.

— Onde fica essa clínica? — perguntou Lúcia.

Geórgia passou o endereço da instituição. A confreira também percebia que a Espiritualidade Superior estava agindo. Ela queria conhecer a abordagem que Lúcia utilizava na difícil tarefa de consolar pacientes que contemplavam a iminente destruição do corpo físico.

Paulo, ao saber da repentina atividade de Lúcia, ficou chateado. Glória, que assistira impassível à conversa, nem se esforçou para chamar a atenção da filha. Sabia que seria inútil. Gabriel, por sua vez, nada disse. Na manhã seguinte, o trio arrumou-se e saiu pela rua, continuando o passeio.

Lúcia e Geórgia encontraram-se diante da estátua do imperador Pedro II do Brasil, nas proximidades do Museu Imperial. O semblante sereno do monarca parecia observar os transeuntes, como se velasse pelo povo, que, segundo historiadores, sempre fora respeitado pelo governante, mesmo no exílio.

No carro de Geórgia, a dupla de tarefeiras rumou para um dos belos distritos de Petrópolis e logo chegou a um bairro verdejante, encravado nos vales serrados. Lúcia percebeu que era uma região habitada por pessoas abastadas, por conta das mansões que se espalhavam por ali.

— Ricaços se escondem aqui — disse Geórgia. — Enfermidades de toda ordem, vícios que nem imaginamos...

A petropolitana suspirou. Lúcia pensava que seria impossível fazer um trabalho evangelizador ali, mas nada disse. Sabia que os benfeitores estavam agindo.

— Eu entro na clínica — prosseguiu Geórgia —, mas apenas como visitante. Alguns conhecidos apenas. Não posso nem falar o nome do Cristo.

— Trabalhamos com o que nos dão — disse Lúcia, tentando parecer confiante.

— Verdade — emendou a outra. — Estamos indo visitar o cunhado de uma amiga minha. Ele está na fase terminal da doença. Foi um grande advogado, me parece.

Lúcia ouviu atentamente aquelas palavras, e uma estranha sensação caiu sobre ela. O que a Vida lhe reservava? Por alguns segundos, chegou a imaginar se não era uma trama organizada pelos espíritos das sombras. Se assim fosse, teria percebido os amorosos mentores por perto. Nada. Nem um sinal de Carlos, tampouco de João.

Chegaram, por fim, à luxuosa clínica. Era uma instituição encravada na magnífica Mata Atlântica do Rio de Janeiro. Discretos, guardas espalhavam-se pelo local, assim como enfermeiros taciturnos. Um atendente veio falar com Geórgia assim que ela estacionou o carro. Guiados pelo senhor grisalho, que parecia sorrir permanentemente, as duas mulheres atingiram a recepção. Uma secretária de olhos agudos fixou-os em Lúcia e Geórgia.

— Viemos ver o doutor Pires — disse Geórgia em tom baixo, enquanto entregava sua identidade. — Ele nos espera.

Em silêncio, a secretária verificou as identidades e as anotou em uma agenda. A profissional guiou as duas visitantes pela instituição luxuosa. Chegaram a um quarto, cuja porta estava encostada. O espaço claro, de bom gosto e arejado exalava uma vibração perniciosa, que a médium Lúcia chamava de “energia de morte em sofrimento”, pois em suas atividades junto aos enfermos de aids convivia com aquela vibração que variava de indivíduo para indivíduo.

Um homem magérrimo e envolto em um espesso xale quadriculado estava em uma cadeira de rodas. A atenção daquele enfermo estava voltada para a televisão, que transmitia um telejornal.

— Pires — disse Geórgia, enquanto a secretária, silenciosamente, se retirava —, trouxe uma amiga para conhecê-lo.

De costas para Geórgia, Pires balançou a cabeça negativamente. Em seu exílio, odiava receber visitas. Suportava a presença de Geórgia a pedido de sua adorável cunhada Shirley. Depois de alguns segundos em silêncio, Pires grunhiu permitindo a aproximação da dupla de visitantes.

Quando os olhos fundos do homem se moveram lentamente na direção das mulheres, um intenso brilho surgiu em seu olhar torturado. Num movimento débil, Pires virou as costas para Lúcia e Geórgia, tampando o rosto.

— Não! — balbuciou Pires, estremecendo. — Veio tripudiar de mim, Lúcia? Veio rir da minha desgraça?

Geórgia e Lúcia entreolharam-se, atônitas. Não entendiam o que se passava. A voz daquele homem doente soara familiar à professora de Língua Portuguesa, mas ela não fora capaz de reconhecer. Nem o rosto arrasado, que a contemplara por um milésimo de segundo. As duas seareiras sentiam a silenciosa presença da espiritualidade superior ali.

— Meu irmão — disse Lúcia, em tom baixo e sereno —, acalme-se. Seu destempero pode agravar sua situação. Não me recordo de você e lhe peço perdão por isso. Mas não vim tripudiar do senhor. Vim em paz.

Pires, que cobrira o rosto com o xale, deixando apenas a cabeça desprotegida revelando alguns tufos de cabelo, parou de tremer. Não foi, contudo, capaz de revelar seu rosto emaciado.

— Se o irmão quiser — insistiu Lúcia —, eu vou embora. Geórgia poderá conversar com você em paz.

— Não — disse Pires. — Pode ficar...

Pires não imaginava, mas amigos espirituais atuavam sobre ele. O enfermo, lentamente, retirou o xale da face emagrecida. Lúcia, por sua vez, tentou sorrir, transmitindo-lhe confiança. Sentia, de fato, que conhecia aquele homem arruinado pela terrível doença.

— Pelo visto, Lúcia — disparou Pires —, você realmente não me reconheceu. Sou Henrique! Quando moleque, eu a humilhei!

Os braços de Lúcia penderam ao lado de seu corpo esguio. De boca aberta, a professora finalmente entendeu o motivo de estar ali. Haviam se passado tantos anos desde a humilhação que sofrera, ainda no colégio, nas mãos de Henrique! Ela estava ali, diante do outrora belo e galanteador rapaz, que a fizera suspirar e depois chorar amargamente. Na mente da mulher, subitamente, voltou a pergunta que ela fizera a João sobre a causa do tormento gratuito que Henrique lhe impusera. Geórgia permanecia espantada e muda, sem conhecer a trama que unia a confreira e o paciente da clínica.

— Eu estou aqui para morrer, Lúcia — disse Henrique, com lágrimas nos olhos fundos. — Minha estrada está no fim! Não ria de mim, por favor!

Lúcia contemplou o homem diante de si. Totalmente arruinado, o atual Henrique em nada lembrava o de outrora. Sem arrogância. Sem a efêmera beleza. Apenas ossos, tendões e alguns músculos fraquíssimos eram a casa do espírito de um homem caído.

— Não vim rir de você, meu irmão — disse Lúcia, vencendo o próprio orgulho. — Vim ajudá-lo dentro de minhas possibilidades. O que passou está feito, mas podemos agora embelezar nossa história. Você me permite a aproximação?

Um movimento de cabeça sinalizou que Henrique, que usara o nome da mãe, Lúcia soube depois, indicou que ela podia se aproximar. Em oração, Geórgia permaneceu, contribuindo para o fim da obsessão entre reencarnados.

— Eu quero lhe pedir perdão — disse Henrique, trêmulo. — Joguei minha vida fora, abusei da confiança de muita gente e desprezei minha família! Ah, dinheiro, drogas e orgias! Mas nunca esqueci de seu rosto! A mais inocente que conheci!

— Está perdoado, meu irmão — disse Lúcia segurando as mãos esqueléticas de Pires, em um ato de coragem em meio a tanta desinformação da época, em que os enfermos de aids não eram nem sequer tocados. — Foi difícil. Muito difícil, pois o orgulho em mim é muito forte. Mas consegui. No fim, você foi misericordioso comigo, pois não levou seu plano até o final. Isso mostra que você tem o coração bom.

Henrique chorou. Um pranto retido havia anos. Ao descobrir que contraíra aids, tentara suicídio duas vezes. Enlouquecido, cometera o desvario de perseguir as pessoas que julgava ter lhe transmitido a doença. Para evitar o escândalo da sociedade, o advogado liquidou alguns negócios, alugou os imóveis que conquistara à custa de contratos escusos e retirou-se para a clínica, a fim de enfrentar a irrefreável doença. Somente um de seus irmãos e sua cunhada sabiam de seu fim. O general, pai de Henrique, jamais saberia que o filho padecia de aids.

— Minha alma pode ser salva? — indagou Henrique, depois de algum tempo. — Não fui um bom filho de Deus, sabe?

— Deus é tão bom que nos dá várias chances de sermos felizes — disse Lúcia calmamente. — Mas não ficamos sem assumir as responsabilidades por nossas ações, sejam elas boas ou más. É importante que você entenda isso. Não existe inferno, mas também não existe o céu que as igrejas professam. Certamente, e digo isso não para amedrontá-lo, mas para lhe dar algum conforto, irá padecer, sim. Seus erros o atingirão, contudo, isso será passageiro. Pelo menos da forma que consegue compreender por ora. — A médium silenciou por alguns instantes. — No devido tempo, você será levado a um hospital espiritual, onde suas forças serão repostas. Um plano de trabalho será feito para você e uma nova oportunidade surgirá.

— Você faz parecer fácil. — Tentou sorrir Henrique. — É assim mesmo?

— Não é fácil — volveu a outra. — Os débitos são pesados, e não se ache o maior criminoso do mundo por isso. Eu mesma tenho pesadíssimos débitos a pagar, por erros das reencarnações passadas. Por isso, minha vida é tão cheia de percalços que outras pessoas não têm.

— Essas informações estão naquele livro que Shirley me deu e nunca li — comentou Henrique —, *O Evangelho Segundo o Espiritismo*.

— Sim — concordou Lúcia —, e em outros livros também. Vou lhe trazer o *Nosso Lar*, de André Luiz e Chico Xavier.

— Eu lerei — assentiu o enfermo. — Agora, lerei.

— Podemos fazer uma prece e uma curta leitura? — perguntou Lúcia respeitosamente.

Henrique concordou. O cheiro da floresta verdejante parecia ter entrado em seu rico aposento. Lúcia orou o pai-nosso, e suas mãos folhearam, sob o influxo magnético de João, presente o tempo todo, as páginas de *O Evangelho Segundo o Espiritismo*. E o capítulo aberto foi o IX, intitulado "Bem-aventurados os que são brandos e pacíficos", no item 8:

> *A doutrina de Jesus ensina, em todos os seus pontos, a obediência e a resignação, duas virtudes companheiras da doçura e muito ativas, se bem os homens erradamente as confundam com a negação do sentimento e da vontade. A obediência é o consentimento da razão; a resignação é o consentimento do coração, forças ativas ambas, porquanto carregam o fardo das provações que a revolta insensata deixa cair. O pusilânime não pode ser resignado, do mesmo modo que o orgulhoso e o egoísta não podem ser obedientes. Jesus foi a encarnação dessas virtudes que a antiguidade material desprezava. Ele veio no momento em que a sociedade romana perecia nos desfalecimentos da corrupção. Veio fazer com que, no seio da Humanidade deprimida, brilhassem os triunfos do sacrifício e da renúncia carnal.*
>
> *Cada época é marcada, assim, com o cunho da virtude ou do vício que a tem de salvar ou perder. A virtude da vossa geração é a atividade intelectual; seu vício é a indiferença moral. Digo, apenas, atividade, porque o gênio se eleva de repente e descobre, por si só, horizontes que a multidão somente mais tarde verá, enquanto a atividade é a reunião dos esforços de todos para atingir um fim menos brilhante, mas que prova a elevação intelectual de uma época. Submetei-vos à impulsão que vimos dar aos vossos*

espíritos; obedecei à grande lei do progresso, que é a palavra da vossa geração. Ai dos espíritos preguiçosos, ai daquele que cerra o seu entendimento! Ai dele! Porquanto nós, que somos os guias da Humanidade em marcha, lhe aplicaremos o látego e lhe submeteremos a vontade rebelde, por meio da dupla ação do freio e da espora. Toda resistência orgulhosa terá de, cedo ou tarde, ser vencida. Bem-aventurados, no entanto, os que são brandos, pois prestarão dócil ouvido aos ensinos. Lázaro (Paris, 1863).

Silêncio. Havia uma poderosa serenidade orquestrada pelos espíritos superiores. Henrique, em lágrimas, ouvira cada palavra proferida por Lúcia, que, tal como acontecia com o advogado, acreditava piamente que cada linha ali repetida em voz alta lhe servia imensamente. O que dizer? Apenas sentir as palavras imortais de Lázaro a respeito dos ensinamentos do Cristo. Discretamente, com os olhos úmidos, Lúcia despediu-se de Henrique, que sentia sair de si uma parte do grande peso que estava em sua consciência.

Assim que pudesse, Lúcia prometeu a si mesma, voltaria. Da mesma forma que tantas pessoas não desistiram dela, ela não desistiria de Henrique.

CAPÍTULO QUARENTA E UM

Paulo e Glória ouviram, espantados, o relato da filha. O taxista alisou a cabeça alva, e seus olhos marejaram. Por muito tempo, odiara Henrique pelo que ele fizera com sua filha. Agora, em silêncio, o veterano fez uma curta prece em benefício do homem, cujo corpo agonizava. Glória, por sua vez, voluntariou-se a acompanhar a filha em uma visita futura.

No entanto, apesar do reencontro entre Lúcia e Henrique ter trazido um sobressalto ao passeio, a família prosseguiu com o planejamento e aproveitou a bela estada na serra fluminense. Chegaram a conhecer a bela cidade vizinha, Teresópolis.

De volta ao lar, Lúcia orou, chamando por João. Precisava de uma orientação clara. Ela sabia que a veneranda entidade era muito ocupada, mas tinha certeza de que, assim que possível, o benfeitor viria conversar com ela.

— Você se saiu bem, minha filha — disse João momentos depois de ter sido evocado. — Eu fiquei muito feliz.

— O que será dele? — indagou Lúcia, sentindo a voz embargar.

— Vai colher frutos amargos, sem dúvida — respondeu João. — Isso você bem sabe. Porém, agora ele está preparado, o que é muito bom.

— Eu prometi voltar — sentenciou a médium.

— Deve voltar — emendou João. — Cada minuto orientando Henrique é um tempo a menos no sofrimento extracorpóreo. — O nobre benfeitor silenciou por alguns momentos. — É preciso que você saiba que os espíritos trevosos que estão vinculados a Henrique se aliarão a MacAlister.

— A guerra vai recomeçar. — Disparou Lúcia.

— Essa guerra nunca acabou — advertiu o sábio. — Ela é contínua, ainda que silenciosa. Não se esqueça de que os longos momentos de silêncio são propositais. A guerra só acabará com a rendição total dos envolvidos à Lei do Amor.

João sorriu. Sabia que sua pupila ainda tinha muito a aprender, embora ela tivesse se desenvolvido muito bem naquela sofrida reencarnação.

— Uma vez — disse João —, eu ouvi Léon Denis dizer o seguinte: "Enquanto o homem ignorar o alcance de seus atos e a repercussão disso em seu destino, não haverá melhoria durável no destino da humanidade. O problema social é, acima de tudo, um problema moral. O homem será infeliz enquanto for mau".

— Livro *Socialismo e Espiritismo* — disse Lúcia, certeira.

— Você tem mais uma pergunta. — disse João — Verbalize-a.

— Essa doença estava no planejamento reencarnatório de Henrique? — perguntou a mulher.

— Não — respondeu francamente o guia espiritual. — Ele, a princípio, deveria desencarnar aos oitenta e um anos. Henrique é um suicida. — João esperou Lúcia absorver a informação que recebera. — Nem todos, em se tratando de aids, são suicidas. Alguns têm que, em seu planejamento reencarnatório, contrair essa temível enfermidade com fins de resgates morais. Há, no entanto, espíritos valorosos, que, sem ter necessidade de tal provação, a inserem em seus planos para que possam alertar almas reencarnadas para o cuidado com seus corpos e espíritos, atraindo olhares e discussão racional. Esses, em número reduzido, atrairão a atenção da sociedade pela altivez moral com que enfrentarão a aids, inspirando e conduzindo a um propósito superior.

Os dias, implacáveis, avançaram. Lúcia e sua família ajudaram Gabriel a alugar uma casinha na comunidade da Formiga, na Tijuca. Não tardou, e o rapaz apresentou-lhes sua namorada, uma jovem estudante que almejava ser advogada.

A cada quinze dias, deixando as atividades de sábado no centro, Lúcia subia a Serra de Petrópolis. Geórgia a encontrava na rodoviária da cidade. Glória e Paulo haviam insistido para irem todos juntos até Henrique, mas a professora disse, com razão, que o enfermo não se sentiria bem com a presença deles.

Henrique ouvia atentamente as palavras das mulheres, as únicas pessoas que recebia. Seu corpo definhava violentamente, mas um brilho no olhar do advogado surgira. Lúcia chamava esse brilho de esperança. Não raro, a médium observava vultos sinistros circundando o aposento de Henrique. Na mesma medida, benfeitores espirituais, alertas, eram observados.

Ao fim do terceiro mês das visitas a Henrique, Lúcia, em desdobramento espiritual, viu-se no aposento dele. Viu também João e três outras nobres entidades que não conhecia. Naquele instante, a professora soube o que acontecia.

Inerte, Henrique mal respirava. Seu espírito mal conseguia manter-se ligado ao veículo orgânico. Antônio e outros espíritos pareciam proteger o local de uma horda de entidades sombrias.

— Minha jovem — disse uma voz a Lúcia, fazendo-a se emocionar ainda mais. — Vamos ajudar esse filho de Deus! Fique firme!

Gaspar Pacheco, o nobre cavalheiro que apresentara a doutrina dos espíritos a Lúcia, estava bem ao seu lado. Parecia mais jovial do que quando a então jovem estudante o conheceu. Ao seu lado vinha Germano, ligado a Pacheco por uma longa trama espiritual, e um outro espírito, de aparência idêntica ao amigo de Lúcia. Soube a médium que era Getúlio Pacheco.

Getúlio Pacheco cumprimentou rapidamente Lúcia e juntou-se às forças de Antônio. Germano aproximou-se das entidades junto a Henrique.

— O amor prevalece, Lúcia — disse o venerável Pacheco. — Levará tempo para Henrique se corrigir, mas ele conseguirá. Oremos!

Enquanto Lúcia e Pacheco vibravam, somando-se aos demais que atuavam em benefício de Henrique, ele foi desligado do veículo físico. Nesse momento, enfermeiras reencarnadas adentraram o quarto e perceberam que o paciente estava morrendo. Todos os esforços delas foram em vão.

Carregado pelo seu mentor espiritual, Henrique foi levado. Iria para um posto espiritual junto às zonas umbralinas mais densas, sob a liderança de uma entidade chamada Orlando. Era o máximo que os benfeitores podiam fazer. Sem as orientações dadas por Geórgia e Lúcia, as ideias de esperança não teriam se instalado na mente doentia de Henrique e, certamente, ele teria sido arrastado pelas cadeias de ódio que haviam sido plasmadas pela horda de espíritos caídos. Cabia agora, unicamente, a Henrique não chamar os comparsas espirituais e não responder aos chamados deles.

Ao despertar, Lúcia orou, em lágrimas. Glória ouviu a filha e, abraçando-a carinhosamente, ouviu o relato do desencarne de Henrique. Mais tarde, Geórgia ligou para oficializar o desenlace do advogado, cuja morte foi abafada pelos amigos de seu pai, o general.

— Há uma coisa... — disse Geórgia ao telefone. — No mês passado, Henrique me chamou até a clínica. Ele estava de posse de documentos. Fui proibida de falar com alguém, sobretudo com você.

— Do que você está falando? — indagou Lúcia.

— Henrique deixou uma casa em Petrópolis para o nosso centro abrir uma instituição voltada para a população de rua, bem como uma soma em dinheiro para as obras nesses dois centros — disse Glória. — Deixou também uma sala comercial para você, na avenida Rio Branco.

— Como ele pôde fazer isso?! — exclamou a professora, aturdida com a informação.

— Acho que foi uma forma de lhe agradecer — volveu a outra. — Tudo fruto de roubo, segundo ele. Henrique espera que usemos esses recursos para ajudar os pobres.

— Com uma sala comercial para mim? — Lúcia estava trêmula.

— Sim — prosseguiu Geórgia —, mas pense nisso depois.

— A família dele vai impedir essa herança — disse Lúcia.

— Segundo Henrique — comentou a anciã —, a família dele vai se digladiar pelo resto do patrimônio. Nem conheciam os imóveis doados e o dinheiro. Doutor Pires fez tudo corretamente nesse caso das doações.

CAPÍTULO QUARENTA E DOIS

O ano era 1992. O Brasil sediava no Rio a inesquecível ECO 92, em que quase toda a humanidade se reunia para discutir novos rumos para o meio ambiente. Lúcia levara as crianças da escola em alguns dos eventos daquele grandioso momento. Jane, ainda diretora do orfanato, também levara as crianças que ali residiam.

Balbina, sábia médium, desencarnara em dezembro do ano anterior. Lúcia, sempre ativa nas atividades do centro, assumiu o posto da recém-desencarnada no trabalho de desobsessão. Esse, aliás, não era o desejo de João, mas não havia, naquele momento, pessoa mais qualificada que ela.

Lúcia absorvia cada informação do grande congresso mundial de ecologia. Seus alunos, nem tanto. O que as crianças, todas pobres, queriam era a típica algazarra infantil, mas, ainda assim, a participação naquele evento histórico marcaria as lembranças de cada um deles.

Paulo, na casa dos setenta anos, já não mais dirigia o táxi diariamente. Agora, o ancião dirigia apenas para ajudar a filha nos assuntos do centro e do orfanato. Desde que conheceu o heroico e atormentado Gambá, Paulo não deixou de visitar o amigo nos sábados de distribuição de alimentos.

Numa tarde quente de setembro, Paulo estava irrigando as plantas no quintal. O senhor pensava no jogo de futebol ao qual assistira no domingo. Não concordava nem um pouco com a arbitragem, que, em sua opinião, beneficiara o Flamengo. Enquanto a água caía nas belas plantas, o pensamento do homem divagava. Subitamente, sentiu uma fisgada em seu peito. Deixando a mangueira cair do chão, Paulo tentou virar-se para correr para a casa. Benfeitores espirituais estavam ali. Glória, pressentindo algo de estranho, foi impelida a correr ao quintal e encontrou o esposo estirado em meio às plantas.

— Te amo — balbuciou Paulo. — Obrigado...

Foram as últimas palavras de Paulo. Lúcia, que distribuía provas de sua disciplina longe dali, sentiu um poderoso arrepio. Diante de seus olhos, Paulo jazia no chão do quintal de sua casa. Correndo, a professora foi depressa para casa, deixando a escola tal como uma tempestade.

Edimilson, taxista amigo de Paulo, viu Lúcia correndo pelas ruas, imersa em lágrimas, e encostou seu carro. Sem proferir nenhuma palavra, Lúcia saltou para dentro do táxi. Chegaram pouco tempo depois do Corpo de Bombeiros.

Paulo foi sepultado no Cemitério do Caju, na zona portuária do Rio de Janeiro. Muitos amigos e parentes compareceram ao evento fúnebre. Lúcia sabia que seus amigos espirituais estavam ali, mas uma raiva silenciosa estava instalada em seu coração. Discursos de despedida, belíssimas preces foram feitas. Paulo era amado e respeitado por muitos. Taxistas, os jovens do orfanato e antigos colegas da gráfica rendiam suas homenagens ao recém-desencarnado.

Abraçada a Glória, Lúcia recebia as condolências. Gabriel, com sua namorada, chorava abundantemente. Após Fernando, Paulo era a referência que o jovem mecânico tinha. Pouco antes de o caixão baixar na cova, Gambá, com o fiel Mortadela ao seu lado, chegou. Se não fosse pela presença do cão, ninguém teria reconhecido o homem. De cabelos e barba muito bem cortados e vestes limpas, o morador de rua apresentou-se diante do ataúde de seu amigo. Sem qualquer cerimônia, Gambá entoou com uma impressionante e belíssima voz:

Senhor,
Fazei de mim um instrumento de vossa Paz.
Onde houver Ódio, que eu leve o Amor,
Onde houver Ofensa, que eu leve o Perdão.
Onde houver Discórdia, que eu leve a União.
Onde houver Dúvida, que eu leve a Fé.
Onde houver Erro, que eu leve a Verdade.
Onde houver Desespero, que eu leve a Esperança.
Onde houver Tristeza, que eu leve a Alegria.
Onde houver Trevas, que eu leve a Luz!
Ó Mestre,
fazei que eu procure mais:
consolar, que ser consolado;
compreender, que ser compreendido;
amar, que ser amado.
Pois é dando que se recebe.
Perdoando que se é perdoado e
é morrendo que se vive para a vida eterna!
Amém

Em casa, após o enterro do veículo físico de Paulo, Glória estava adormecida. Os conhecimentos ofertados pela doutrina espírita eram um imenso bálsamo ao coração da mulher. Lúcia, deitada ao lado da mãe, encontrava-se alerta. Somente suas amigas Eneida e Ester faziam ideia de como estava o estado vibratório de Lúcia.

— Onde você está? — indagou, em desafio, Lúcia a João.

João estava ali o tempo todo. Sua pupila não era capaz de percebê-lo. Sabia a bondosa entidade que Lúcia, apesar de todo o conhecimento que tinha da doutrina, não conseguia colocá-lo em prática. Lúcia teria de se acalmar.

— Onde está seu conhecimento doutrinário? — indagou João a Lúcia, finalmente podendo ser ouvido por ela.

— Por que não fui informada? — questionou Lúcia, amarga. — Meu pai podia ter tido um desencarne digno. Poderiam ter lhe dado uma moratória.

Amanhecia. A noite bela daria lugar ao dia quente e luminoso. Lúcia não se importava nem um pouco com nada daquilo.

— Sabe que nem tudo pode ser dito a você — retrucou o mentor. — Onde está sua resignação ante a Vontade do Pai? Ou melhor, da Lei Divina?

Lúcia não conseguia ver João, mas o ouvia perfeitamente bem. A médium não conseguia aceitar o desencarne do pai.

— Paulo e Glória aceitaram cuidar de você nesta reencarnação — continuou João — e cumpriram muito bem essa tarefa. Agora, Paulo tem que prosseguir. De nada adianta você ter um conhecimento adiantado sobre o desencarne de alguém. E, sobre a moratória, minha filha, para qual objetivo? Foi melhor para Paulo desencarnar no momento adequado e nas condições programadas. Já pensou na possibilidade de Paulo desejar partir do mundo corpóreo em sua casa, contemplando a face de seu grande amor?

Lúcia não argumentou. Em sua teimosia, achava que seu pai deveria ficar com ela e com Glória. Egoísmo.

— Você tem conhecimento suficiente das leis divinas, minha filha — obtemperou a entidade. — Isso não impede que sinta dor, mas lhe dá condições de superá-la. Paulo, que está cercado por nobres irmãos em Deus, ficaria desapontado em vê-la assim. — João calou-se por alguns instantes. — Erga-se, minha filha. Lamente a ausência física de Paulo, mas erga-se. Sua mãe precisa de você. Você precisa vivenciar, em seu momento mais difícil, o que tanto estudou. Viva os ensinamentos do Cristo!

Apesar da tristeza que sentia, a mulher sabia que, mais uma vez, João estava certo. Lúcia novamente controlou toda a rebeldia que seu espírito gritava, embora não fosse fácil. Mudaria a energia que usava de forma irresponsável em vibração produtiva. Isso é vivenciar os ensinamentos do Cristo.

CAPÍTULO
QUARENTA E TRÊS

Novamente, o tempo, incansável, voou. Lúcia foi presidente do Centro Espírita Fraternidade Cristã por cinco anos. No entanto, a administração da professora foi sutil, apesar dos grandes incentivos que recebera por parte de confrades.

— Cuidado com a vaidade — disse certa vez João a Lúcia, após ela receber sinceros elogios sobre seu trabalho no movimento espírita e sobre sua mediunidade bem equilibrada. — Você está longe da excelência que tanto afirmam.

Lúcia engolia qualquer empolgação. Era uma luta tremenda. Por vezes, pressentia o próprio John MacAlister perto dela, mesmo dentro das paredes do centro. A então presidente do centro espírita aglutinou esforços com a instituição de Ester, quebrando muitos preconceitos existentes, sobretudo por parte dos confrades, o que lhe rendeu, apesar dos elogios, muitas críticas. Lúcia, sob a tutela dos benfeitores espirituais, perseverou e coube aos mentores da casa espírita domarem os egos dos críticos mais exaltados.

— Eu trabalho na seara da umbanda, do espiritismo, que chamam de kardecismo — disse João, certa vez, por meio de três médiuns diferentes e por via da psicografia —, na Igreja Católica, no budismo, nas igrejas protestantes! Eu trabalho onde precisam de mim. É isso que Jesus, ou Oxalá, ou seja lá como queiram chamar o governador espiritual deste mundo, espera de seus discípulos. Não percam tempo com discussões inúteis! Lembrem-se dos fariseus, criticados por Jesus, que muito falam e nada fazem! Lembrem-se da Inquisição, em que aqueles que pensavam diferente dos poderosos padeciam na fogueira e no degredo aviltante. Saibam, meus filhos, que muitos de vocês condenaram os mais fracos à fogueira e à destruição. Querem repetir os mesmos erros e renegar os ensinamentos do Cristo, que fazem alusão ao respeito e ao amor incondicional?

Naquela noite, após a leitura das três cartas e de firmes orientações, houve silêncio. Os questionadores do trabalho de Lúcia junto a instituições de umbanda tinham recebido a resposta de que necessitavam. Se continuassem, estariam assumindo publicamente o preconceito que traziam dentro de si e que teimosamente continuavam a alimentar.

Naqueles anos, Gabriel conseguira que um amigo de confiança alugasse o táxi de Paulo, o que ajudou Glória a se manter. A vida do mecânico era turbulenta devido a inúmeros casos amorosos e a seu temperamento tempestivo. Um casamento precoce foi desfeito seis meses depois. Duas crianças vieram ao mundo, de mães diferentes, quase ao mesmo tempo. Lúcia esforçava-se para orientar Gabriel, que ouvia em silêncio, mas nada fazia para se corrigir. No entanto, ele era um bom pai. Sempre presente a Paulinho e a Fernandinho, o mecânico espelhava-se como podia em seus dois benfeitores que haviam desencarnado.

Em 1999, dona Glória caiu na calçada. Levada ao hospital por populares, a mãe de Lúcia se viu com a bacia quebrada. Internada em um hospital público, onde verdadeiros heróis da enfermagem e da medicina atuavam, Glória foi cercada de atenção e carinho. No segundo dia de internação, ela beijou sua filha, que adormecera ao seu lado.

— Filha — disse a anciã a Lúcia, que despertava —, eu sonhei com sua avó Leocádia e com seu pai.

— Que bom, mãe. — Sorriu Lúcia. — A senhora é muito amada!

— Filha — prosseguiu Glória —, hoje eu entendo algumas coisas. Por muito tempo, briguei com Deus. Minha dificuldade de engravidar, os três abortos que tive... — A anciã apertou as mãos da filha. — Aí veio você. Uma gravidez difícil, um nascimento difícil. Sua infância...

— Difícil — Sorriu Lúcia, que sabia havia algum tempo que somente Paulo e Glória haviam aceitado recebê-la em sua família para lhe dar uma reencarnação digna. A vibração da médium era tão ruim que provocou os abortos naturais em sua mãe. — Não se lamente das dores, mãe. Valeu a pena!

— Sim — Uma lágrima escorreu pela face marcada de Glória. — Valeu cada momento! Eu pedi perdão a Deus há muito tempo e hoje compreendo as coisas que aconteceram.

Daniel Prates, o médico que acompanhava Glória, diagnosticou que a paciente contraíra infecção hospitalar. Para Lúcia, o mundo girou rápido demais. A luta da equipe médica foi imensa. Lúcia e os confrades do centro irradiavam energia magneticamente sobre a anciã e sobre os pacientes do hospital. Ao contemplar a face de Carlos e João, Lúcia percebeu a verdade que se aproximava. Os benfeitores, em silêncio, se reuniam com outros bons espíritos e oravam pelos envolvidos. Ao final de quatro dias do diagnóstico da infecção, Glória desencarnou.

Lúcia, porém, não se revoltou. Vira Paulo e seus avós ladeados por muitos bons espíritos para buscar a amada esposa. Adormecida, Glória seguiu nos braços de João até o Castelo da Esperança.

Ritos fúnebres foram organizados. Houve lágrimas, como haveria de ser, porém, existia resignação perante o desencarne. Quando o processo do sepultamento do corpo físico de Glória se encerrou, e Eneida e Ester regressaram para seus lares, Lúcia se viu sozinha em casa com as histórias de sua atual encarnação. Mais uma vez, ela percebeu como fora difícil para seus pais a criarem, em meio a tanta falta de informação e aos preconceitos da época. Olhando-se no grande espelho que havia no quarto de seus pais, Lúcia reparou nas rugas em seu rosto magro e as raízes brancas em seu cabelo tingido.

— Até quando permanecerei nesta reencarnação? — indagou a médium. — Tenho muito a fazer por mim mesma e para os necessitados.

CAPÍTULO

QUARENTA E QUATRO

Ainda naquela noite, após um banho rápido, Lúcia foi à cozinha pegar algo para comer. Iria jantar assistindo à novela após o telejornal. Subitamente, enquanto preparava um sanduíche, surgiu uma presença que não sentia havia anos. Concentrando-se, a experimentada médium caminhou calmamente até a sala. MacAlister, em pessoa, estava sentado na poltrona que havia sido de Paulo.

— Sinto muito pela morte de sua mãe — disse, com escárnio, John MacAlister. — Vim prestar meus respeitos por sua perda.

— A morte não existe — volveu Lúcia, certa de que os benfeitores estavam ali, imperceptíveis. — Você, embora preso a uma forma de pensar arcaica, está bem vivo, ainda que sem corpo material.

MacAlister sabia aquilo muito bem. Entendia, com o passar do tempo, os mecanismos universais da reencarnação, da Lei de Ação e Reação e ainda tinha vasto conhecimento sobre magnetismo. A entidade trevosa levantou-se e contemplou a sala da casa.

— Você, agora, está sem seus protetores encarnados. — Disparou o chefe da falange maligna. — Solidão. Velhice. Dois elementos que tanto teme! Jamais, em suas vidas na carne, admitiu a solidão e a velhice! Uma mulher seca, sem beleza, solitária! Rejeitada sempre, sem ter mais utilidade para os outros, seja na escola ou no centro! Uma velha feia e desagradável! Sem assunto para as coisas boas da vida!

John MacAlister estava certo. Lúcia não gostava da solidão, e a ideia de envelhecer lhe era ruim, concepções arraigadas em seu ser. Sentindo-se triunfante, MacAlister fez um floreio, enquanto gargalhava, daqueles que fizera na época em que estava reencarnado. Lúcia fitava o obsessor em silêncio. O mutismo da adversária incomodou a entidade trevosa.

— Não vai falar nada? — provocou MacAlister.

— Não sabia que eu tinha de falar alguma coisa, meu irmão — disse Lúcia, com serenidade —, já que falou algumas verdades. De fato, a solidão me incomoda. A perda do vigor físico também. — Um sorriso franco surgiu na face da médium. — Mas, como você deve saber, aprendi a conviver com a solidão, com a velhice e com minha aparência também. Se bem, sabemos nós dois, nunca estamos realmente sozinhos. Os espíritos vêm e vão, certo?

MacAlister ficou visivelmente incomodado. Sabia que sua fortaleza não era impenetrável. Os benfeitores espirituais, por alguma razão, não liquidavam seu castelo, e o tirano espiritual constatara essa verdade havia pouco tempo.

— Muito obrigado, meu irmão — disse Lúcia —, eu realmente sou importante para você a ponto de fazê-lo sair de sua casa. Eu fico, de certa forma, feliz.

— Eu te odeio! — gritou MacAlister num rompante.

— Ninguém odeia para sempre — volveu Lúcia. — O ódio cansa, desgasta. Já o amor, quando surge verdadeiramente, é imperecível.

MacAlister ficou em silêncio. Sem qualquer cumprimento, a entidade obsessora retirou-se. Lúcia respirou fundo, aliviada. Orou, agradecida, por ter conseguido controlar seus impulsos.

— Você, realmente, está no caminho certo — disse Carlos, de repente, com um largo sorriso. — Eu teria dado uns tapas nele!

CAPÍTULO QUARENTA E CINCO

Após o embate com MacAlister em sua própria casa, Lúcia seguiu sua vida. Enfrentou as dificuldades que todo docente tem em seu magistério de luta e amor à educação. Parecia que, a cada ano, alguns alunos se tornavam mais impertinentes e despreocupados com o conhecimento acadêmico.

A criminalidade, aos olhos da sociedade, parecia cada vez mais sólida, e não raras foram as vezes em que a escola foi fechada por conta das atividades criminosas. Mas isso não desanimava a dedicada Lúcia.

O ano 2000 veio com novas ideias para um mundo melhor. Nessa época, a professora percebeu que era a mais antiga tarefeira no centro, pois Ricardo tinha ido morar no Mato Grosso com a grande família que formara. Joana, Cláudia, Mauro haviam desencarnado ao longo do tempo. Lúcia engajou-se nos eventos que abraçavam o novo milênio, tanto na escola como nas instituições que ajudava. Foi nesse ano que Gabriel conheceu Natália, uma das evangelizadoras do centro. Entre eles surgiu um grande amor, e, a pedido de ambos, Lúcia abençoou a união.

Natália era professora de ciências e havia pouco tempo que iniciara seu trabalho de evangelização. A jovem também era médium e dotada da faculdade de psicografia. Em mais de um momento, Gabriel, de espírito irrequieto e rebelde, encontrou a serenidade de que tanto precisava. Inclusive, o mecânico começou a frequentar adequadamente o centro espírita, para a alegria de todos.

Quando Maria da Glória nasceu, em 2004, Lúcia, recebeu seu quinto afilhado — ela já era madrinha dos primogênitos de Eneida, Ester e os dois de Gabriel. De início, Lúcia se achara velha demais para aceitar o encargo de ser madrinha de um bebê, mas Gabriel fizera questão.

O amanhecer de julho, naquele mesmo ano, surgia belíssimo. Não fazia frio, embora fosse inverno, e o frescor fazia as flores do jardim da casa de Lúcia ficarem ainda mais belas e coloridas. A professora ouvia suas músicas favoritas, e seus pensamentos estavam voltados para seus pais, que amavam aquele recanto da casa.

Sentindo uma presença, Lúcia virou-se. Gambá, o querido morador de rua, estava ali. Incontáveis vezes, ela e tantos outros quiseram que o ancião aceitasse viver em um asilo. Não faltaram pessoas dispostas a contribuir para que ele encerrasse seus dias em um ambiente protegido e adequado. Teimoso, porém, Gambá rejeitara todas as propostas.

Lúcia entendeu imediatamente o que estava acontecendo. Após longa e tortuosa reencarnação, o bondoso homem, que lutara na terrível Batalha de Monte Castello, desencarnara.

— Meu querido amigo e irmão Arnaldo Luis — disse Lúcia emocionada —, este mundo não é mais seu. Veja, benfeitores espirituais estão ao seu lado agora. Deve seguir com eles.

— Para onde irei, comandante? — indagou Gambá, pois era assim que ele passara a chamar Lúcia nos últimos anos. — Não me envie para a metralha!

— Não irá para a metralha! — Lúcia queria chorar, pois infinitas são as maneiras de desencarnar, e percebia agora que o amigo não sabia que já estava no plano espiritual. — Você irá para outro posto. Lá será encaminhado a um oficial médico.

— Muito obrigado, comandante! — respondeu o outro, já percebendo dois espíritos a ampará-lo. — Será que vou rever o capitão Paulo?

— Sim. — Lúcia não conteve a lágrima, pois Paulo era um dos espíritos que ladeavam Gambá, e o outro era o nobre Antônio. — Capitão Paulo o aguarda. Siga em frente, soldado! Vá em paz!

Fazendo uma continência, o recém-desencarnado se foi sob o amparo de Paulo e Antônio, que fora avô de Arnaldo em sua última encarnação. Antes de ir embora, Paulo mandou um beijo para sua eterna criança.

— Até breve, papai — balbuciou Lúcia.

Em seguida, o telefone tocou. Haviam encontrado o corpo de Gambá. Lúcia e muitas outras pessoas, que haviam conhecido o gentil morador de rua, providenciaram seu digno enterro.

CAPÍTULO QUARENTA E SEIS

Lúcia aposentou-se do magistério em 2007. Uma modesta festa de despedida, contendo alguns ex-alunos, foi feita para a veterana. A eterna professora de Língua Portuguesa, sempre firme no ofício profissional, permitiu-se muitas lágrimas. Fizera o melhor que pôde no exercício da profissão que adotara por sugestão de João e que lhe abrira o coração para um mundo pelo qual se apaixonara.

A saúde da médium, que nunca fora consistente, apresentava problemas naquela altura de sua encarnação. Os rins doíam bastante, e uma cirurgia para a retirada de pedras fora feita dois anos antes. A miopia aumentara bastante, assim como uma significativa perda de audição, sobretudo no ouvido direito, além de osteoporose diagnosticada há algum tempo. Gabriel, sempre com o aspecto jovial, acompanhava Lúcia nas visitas ao médico e não se incomodava de ser chamado de filho da antiga protetora. Em verdade, o antigo agressor gostava muito de ser chamado de "filho" de Lúcia.

— Eu vou comprar uma bengala para você — disse Gabriel, rindo, retornando de mais uma consulta médica com a médium. — Está toda caquética, mas o que importa é a cabeça!

— Eu vou usar a bengala por pouco tempo — rosnou Lúcia —, pois vou quebrá-la em sua cabeça oca!

Enquanto conversavam animadamente, eles não se preocupavam com o pesado trânsito da avenida Radial Oeste, bem ao lado do Estádio do Maracanã. O engarrafamento do fim de tarde era comum, e todos os cariocas haviam se acostumado com aquilo.

Gabriel, que dirigia seu próprio carro, com Lúcia no banco ao lado, não observou de imediato a correria que se instalara por entre os carros. Tiros foram disparados. Nos ônibus cheios, também presos no engarrafamento, pessoas gritaram em pânico.

— Um arrastão! — gritou Gabriel. — Abaixe-se!

Mas não era um arrastão "comum". Não era um assalto em grande escala, cujos bandidos saqueavam os veículos parados, pois alguém atirava contra os criminosos, que, por sua vez, respondiam com mais fogo. Muitas pessoas abandonaram seus carros, buscando um refúgio mais seguro.

— Temos que sair daqui! — disse Lúcia. — Aqui é a linha de tiro!

— Se sairmos, poderemos ser alvejados — argumentou Gabriel, que já passara por aquela situação antes. — Fique no chão do carro!

Uma rajada furiosa de fuzil ecoou, fazendo o vidro dos carros tremerem junto com os corpos em pânico das pessoas ali. Um carro bateu na traseira do veículo de Gabriel. Um homem, com a família inteira no carro, tentava escapar forçando passagem. Os gritos dos bandidos ficavam cada vez mais altos, significando que se aproximavam. A sirene da polícia ecoava.

— Temos de sair daqui — disse Gabriel.

Gabriel saiu do carro no exato momento em que uma bala estilhaçava o vidro traseiro de seu automóvel. O carro de trás havia escapado. Pessoas corriam por entre os automóveis. Pegando Lúcia nos braços, Gabriel chorava. Iria proteger a mulher que ferira a faca anos antes. Daria sua vida, se fosse o caso. Lúcia, por sua vez, orava.

Carregando a franzina Lúcia nos braços, Gabriel correu como pôde por entre os carros. Policiais chegaram atirando. Inocentes estavam em meio ao fogo cruzado.

Atingiram a larga calçada do Maracanã, e Lúcia foi posta no chão por seu protetor. Nesse momento, um dos bandidos, não mais do que um menino, passou diante dela e de Gabriel. O jovem criminoso atirava para todos os lados. Um policial trocava tiros com ele. Num átimo de segundo, Lúcia atirou-se na frente de Gabriel.

— Mãe! — gritou o mecânico, recebendo o corpo de Lúcia baleado. — Lúcia! Mãe!

A bala travessara o peito de Lúcia e ferira superficialmente a lateral do corpo de Gabriel. Arrastando Lúcia para junto da parede, ele ainda se viu diante do policial, que lhe apontava o fuzil. Nenhum sinal do criminoso que passara à frente dos dois inocentes.

— Solte a velha, vagabundo! — Rosnou o policial militar.

— Ele é meu filho! — disse Lúcia, com suas últimas forças e estendendo as mãos, protegendo Gabriel, cujos olhos estavam fixos nela. — Não machuque meu filho, pelo amor de Deus!

O policial fitou a cena por alguns segundos e se foi. Outros tiros foram trocados. Gabriel nunca soube, e nem importava, qual arma disparara a bala que fulminara Lúcia.

— Tenho que te levar ao Pedro Ernesto! — disse Gabriel, referindo-se ao nobre hospital que estava a algumas centenas de metros dali. — Aguente!

— Filho — disse Lúcia, que, apesar da grande dor que sentia, estava serena —, nada acontece sem a permissão de Deus. Chegou minha hora. Não esperava que fosse assim, mas há um motivo justo para isso. Deus não falha!

Sangue surgiu na boca da médium. Gabriel tentou orar, enquanto agradecia por tudo que Lúcia fizera por ele. Banhado pelo sangue da professora, o mecânico percebeu o mundo à sua volta parar. Nada mais lhe importava. Sua mãe estava morta.

CAPÍTULO QUARENTA E SETE

João e Suzana cortaram os últimos fios fluídicos que prendiam o corpo perispiritual de Lúcia ao veículo físico. Inconsciente, a recém-desencarnada foi encaminhada para o Castelo da Esperança. Naquele momento, Lúcia não percebeu, mas uma verdadeira legião de amigos espirituais estava ali, muitos dos quais haviam sido ajudados por ela nas mesas de desobsessão, em atendimentos fraternos ou mesmo por meio de singelas preces. Seus pais estavam lá, assim como Pacheco, Irineu, Balbina, Cláudia e muitos outros vinculados ao centro espírita do mundo corpóreo.

Depois de algum tempo, Lúcia despertou. Não mais sentia dores. Estava deitada em um belo leito com cheiro de suas adoradas rosas. João estava ali.

— Olá, filha — disse João. — Minha filha rebelde. Cumpriu sua tarefa na Terra muito bem.

— Eu achava que tinha tanto a fazer — balbuciou Lúcia, com certa fraqueza. — Eu esperava por alguma enfermidade.

— Estava em seu planejamento reencarnatório que o desencarne seria assim — volveu João. — Adiamos seu retorno em cinco anos. Valeu a pena.

— Meus pais? — perguntou a recém-desencarnada.

— Estão todos aqui. — Sorriu a entidade. — Você sabe muito bem que o reencontro terá que esperar um pouco. Ainda está muito desgastada psiquicamente.

— E Gabriel? — insistiu Lúcia.

— Está seguro e bem — respondeu João. — Ele já está morando na casa que você deixou para ele no testamento. Seus afilhados receberão os valores referentes à venda da sala comercial no centro da cidade e o dinheiro que deixou no banco. O táxi também será vendido. — A entidade sorriu afetuosamente. — Você foi muito previdente em deixar tudo arrumado. Muita gente desencarna e dá muito trabalho para nós, por conta dos assuntos mundanos que ficam pendentes.

Com o tempo, Lúcia reencontrou-se com Paulo e Glória, que residiam e trabalhavam ali. Logo seriam transferidos para outro núcleo espiritual. Pacheco e Irineu, que realizavam junto a Germano importantes atividades nas zonas umbralinas, foram visitar a amiga assim que puderam, e o reencontro deles foi muito feliz. Balbina foi encontrada por Lúcia junto aos belos jardins da cidadela espiritual, ensinando a Filosofia do Cristo com um grupo de médiuns desdobrados. Em sua felicidade, Lúcia abraçou vigorosamente o dedicado e risonho Carlos e o austero Antônio, que se permitiu sorrir. Mais tarde, a pupila de João encontrou-se com o nobre e sábio Flecheiro e, diante dele, curvou sua cabeça em reconhecimento à grandiosidade daquele humilde ser espiritual. Repetiu o gesto com Suzana, que, tempos depois, revelou a Lúcia que, eras atrás, quando os hititas tinham seu império, ambas haviam sido rivais, e a veneranda líder do Castelo da Esperança fora assassinada por ela.

— Veja, minha irmã — disse Suzana, por fim —, o ódio nos ligou, quando a humanidade ainda empunhava o bronze por ferramentas. Do ódio ascendemos ao amor, e o laço permanente deixou de ser doloroso para ser sublime. Assim, nos aproximamos verdadeiramente de Deus. Um dia, todos os laços que temos com cada ser neste mundo não serão dolorosos e sim do amor.

Lúcia meditou sobre aquelas palavras. Sabia que a benfeitora se referia também a John MacAlister. Com uma ideia, a pupila de João foi ao encontro do mestre, que estava reunido com alguns sábios.

— Ainda não está pronta para lidar com MacAlister — disse João, assim que Lúcia se aproximou. — É hora de paciência e mais aprendizado.

Desta forma, Lúcia engajou-se no serviço, assim que pôde, de cuidar dos recém-desencarnados que eram levados para lá. Para sua tristeza, amparou alguns espíritas que conhecera na Terra e que lá chegaram cheios de orgulho. Esses irmãos, profundamente enfermos, eram os que mais necessitavam de cuidados.

Lúcia acabara de retornar de uma excursão de aprendizado em um outro núcleo espiritual. Estivera na companhia de seus pais e de Pacheco. João encontrou-a diante da modesta casa que ocupava. A tarefeira espiritual sabia perfeitamente que entidades do porte moral de João, Suzana e Flecheiro não necessitavam daquele tipo de construção plasmada a partir da manipulação do fluido universal.

— Espero que tenha aproveitado a viagem. — Sorriu João após a saudação habitual.

— Muito! — respondeu jovialmente Lúcia. — Já estou pronta para o serviço!

— Ótimo! — volveu o benfeitor. — É hora de conversarmos com John MacAlister.

A alegria na face de Lúcia, conforme previra João, dissipou-se. A resposta da pupila indicaria a continuidade da missão, sabia o mentor.

— Antes, eu me achava pronta — disse Lúcia, após algum tempo em silêncio. — Agora, eu não sei. Em minha mente, MacAlister era uma lembrança distante.

— Uma lembrança distante que, às vezes, retorna — disse João, sereno como sempre. — Só iremos se você quiser.

— Antes, eu queria e não tinha condições — retrucou Lúcia. — Agora, por mais que entenda ser necessário, tenho receio de sucumbir à ira. — A mulher refletiu por alguns instantes. — No entanto, se o senhor está aqui tratando disso, é porque amealhei o necessário para me deparar com MacAlister.

— Exatamente — anuiu a entidade. — Já viu o que as trevas podem fazer aqui, na chamada erraticidade. Você repensou sobre seus erros e aprendeu coisas novas.

— Confio no senhor — disparou Lúcia.

— Confia em si mesma? — Devolveu João, com um sorriso.

— Sim! — exclamou Lúcia, após algum tempo.

CAPÍTULO

QUARENTA E OITO

Lúcia e João haviam deixado Antônio e Carlos havia algum tempo na grande desolação que cercava a fortaleza de John MacAlister. Logo que a dupla de entidades, oriunda do Castelo da Esperança, se viu sob as altas muralhas do forte sombrio, vozes em sofrimento cessaram. Havia apenas um silêncio amedrontador.

Lúcia fitou o rosto venerável de João. A antiga professora achava que o terrível obsessor se acovardara e se escondera em suas masmorras.

— Ele não virá — murmurou Lúcia.

— Eleve seu tônus vibratório — disse João. — Ele virá quando estiver preparado. Por dez longos anos, desde o seu desencarne, MacAlister vem te procurando. Agora, você está à porta dele.

Ao fim das palavras de João, as gaitas de fole escocesas rasgaram violentamente o silêncio. Gritos de guerra ecoaram. Uma horrenda turba instalou-se nas amuradas da fortaleza. O portão abriu-se, e um alto guerreiro surgiu com uma longa espada em suas mãos.

— Escapou de mim! — gritou MacAlister. — É tola o suficiente para vir aqui!

O temível chefe de falange ergueu sua grande espada, que, nas Terras Altas da Escócia, era chamada de Claymore. O *kilt* com as cores do clã de MacAlister esvoaçava com o movimento. A visão de John, com armadura, era assustadora. Nem João nem Lúcia sentiam medo. Apenas piedade do pobre espírito diante deles.

A espada, prestes a tocar o corpo perispiritual de Lúcia, desfez-se. Incrédulo, MacAlister saltou sobre ela, mas a vibração da aprendiz de João fez a entidade cruel cair para trás. Os gritos da horda de MacAlister, há muito, tinham silenciado.

— Você não pode me ferir, meu irmão — disse Lúcia, recebendo os influxos magnéticos de João. — O ódio cansa, desgasta a alma e aumenta seu sofrimento. Não está cansado de ficar parado na estrada evolutiva? Seus filhos ascenderam. Seus companheiros da época de Culloden também prosseguiram. Onde estão eles agora? Jack, Charles, Ian? Estão reencarnados na Terra! Buscando aprender! — Lúcia estendeu a mão para John. — Você ficou sozinho, remoendo uma vingança que nunca virá de você. Venha conosco!

MacAlister fitou o rosto luminoso de Lúcia e ficou confuso. Onde estava Mary Sullivan? Aquela *Lúcia* não podia ser a cruel Mary Sullivan. E se perseguira a pessoa errada pelas últimas décadas?

— Eu sou Mary Sullivan — disse Lúcia —, e você sabe bem disso. Ocorre que eu escolhi ser feliz. Escolhi assumir a responsabilidade por meus erros e me comprometi a consertá-los! Eu me privei de muita coisa em minha última caminhada terrena, mas valeu a pena! Valeu muito a pena reencarnar com tantas dificuldades que eu mesma criei! Saiba que ainda preciso servir muito! Preciso reparar muitíssimas falhas que cometi ao longo da existência! Ah, meu irmão, se não fosse o Amor de Deus, aí sim padeceríamos eternamente, mas não é o caso! Nós, somente nós, determinamos a duração de nosso sofrimento!

John MacAlister estava estarrecido, estirado no chão. Em nada lembrava o implacável obsessor que liderava milhares de entidades sofredoras.

— Você, meu irmão amado, muito me ajudou com suas armações — prosseguiu Lúcia. — Com sua perseguição implacável. Ah, se não fosse pelo seu auxílio, talvez eu tivesse caído ou aprendido menos! Por isso, estou aqui! Eu venho lhe agradecer!

— Não! — gritou John.

— Sim, meu irmão — volveu Lúcia. — João foi e é meu mestre espiritual, abaixo apenas de Jesus! Você me deu a energia necessária para vencer a mim mesma! Veja como é maravilhosa a Sabedoria Divina! Sinta Deus agir em seu coração! Isso é Perdão! Isso é Amor! — A desencarnada sorriu. — Você sabe que vale a pena perdoar, se esforçar para vencer o mal que há dentro de nós! Você, em sua vigília incansável sobre mim, acompanhou cada passo meu na Terra e sabe que é difícil fazer o certo. Sabe ainda que vale a pena fazer o certo! Há muito você está farto de sofrer! Agora é a hora! Faça o certo para si mesmo!

Rastejando, MacAlister tentou regressar à sua fortaleza. Nesse instante, o grande portão fechou-se. Outro líder acabara de assumir o controle do castelo com a queda de John. Alguns dos infelizes seres se lançaram das amuradas, convertidos pela palavra balsamizante de Lúcia.

— Estarei contigo, meu irmão — disse Lúcia. — Vamos juntos aprender realmente a viver. Temos muito o que aprender, isso é fato. Mas o que você precisa aprender hoje, exatamente hoje, é que ninguém é forte sem amor. Aceite meu perdão e o meu amor!

Em lágrimas, John virou-se para Lúcia. Estava exausto. Sentia um estranho calor chegar ao seu ser frio e dolorido. Quando aconteceu o toque das mãos de Lúcia em seus braços cobertos por escuras placas de armadura, o obsessor sentiu alívio das dores que o atormentavam havia séculos.

— Eu preciso de paz! — disse MacAlister.

— A paz só é obtida quando o sentimento de vingança se desfaz — disse Lúcia. — A paz não convive com o ódio. Ninguém é criado com ódio. Todos são criados com o Amor de Deus.

— Me leve — murmurou John. — Eu não vou mais lutar com você. Você venceu.

— Não, John — volveu Lúcia, sorrindo, enquanto João rendia graças, profundamente emocionado. — Nós dois venceremos! Isso é certeza! A revolução de seu espírito começa agora!

FIM

O perdão é a verdadeira chave para a evolução espiritual.

GRANDES SUCESSOS DE
ZIBIA GASPARETTO

Com 20 milhões de títulos vendidos, a autora tem contribuído para o fortalecimento da literatura espiritualista no mercado editorial e para a popularização da espiritualidade. Conheça os sucessos da escritora.

Romances

pelo espírito Lucius

A força da vida
A verdade de cada um
A vida sabe o que faz
Ela confiou na vida
Entre o amor e a guerra
Esmeralda
Espinhos do tempo
Laços eternos
Nada é por acaso
Ninguém é de ninguém
O advogado de Deus
O amanhã a Deus pertence
O amor venceu
O encontro inesperado
O fio do destino
O poder da escolha
O matuto
O morro das ilusões
Onde está Teresa?
Pelas portas do coração
Quando a vida escolhe
Quando chega a hora
Quando é preciso voltar
Se abrindo pra vida
Sem medo de viver
Só o amor consegue
Somos todos inocentes
Tudo tem seu preço
Tudo valeu a pena
Um amor de verdade
Vencendo o passado

Crônicas

A hora é agora!

Bate-papo com o Além

Contos do dia a dia

Conversando Contigo!

Pare de sofrer

Pedaços do cotidiano

O mundo em que eu vivo

Voltas que a vida dá

Você sempre ganha!

Coletânea

Eu comigo!

Recados de Zibia Gasparetto

Reflexões diárias

Desenvolvimento pessoal

Em busca de respostas

Grandes frases

O poder da vida

Vá em frente!

Fatos e estudos

Eles continuam entre nós vol. 1

Eles continuam entre nós vol. 2

Sucessos
Editora Vida & Consciência

Agnaldo Cardoso

Lágrimas do sertão

Amadeu Ribeiro

A herança
A visita da verdade
Depois do fim
Juntos na eternidade
Laços de amor
Mãe além da vida
O amor não tem limites
O amor nunca diz adeus
O preço da conquista
Reencontros
Segredos que a vida oculta vol.1
A beleza e seus mistérios vol.2
Amores escondidos vol. 3
Seguindo em frente vol. 4
Doce ilusão vol. 5
Bastidores de um crime vol. 6

Amarilis de Oliveira

Além da razão (pelo espírito Maria Amélia)
Do outro lado da porta (pelo espírito Elizabeth)
Nem tudo que reluz é ouro (pelo espírito Carlos Augusto dos Anjos)
Nunca é pra sempre (pelo espírito Carlos Alberto Guerreiro)

Ana Cristina Vargas
pelos espíritos Layla e José Antônio

A morte é uma farsa
Almas de aço
As aparências enganam
Código vermelho
Em busca de uma nova vida
Em tempos de liberdade
Encontrando a paz
Escravo da ilusão
Ídolos de barro
Intensa como o mar
Loucuras da alma
O bispo
O quarto crescente
Sinfonia da alma

Angela Molognoni

Em algum lugar no tempo

Carlos Torres

A mão amiga
Passageiros da eternidade
Querido Joseph (pelos espírito Jon)
Uma razão para viver

Cristina Cimminiello

A voz do coração (pelo espírito Lauro)
Além da espera (pelo espírito Lauro)
As joias de Rovena (pelo espírito Amira)
O segredo do anjo de pedra (pelo espírito Amadeu)
A lenda dos ipês (pelo espírito Amira)

Eduardo França

A escolha
A força do perdão
Do fundo do coração
Enfim, a felicidade
Um canto de liberdade
Vestindo a verdade
Vidas entrelaçadas

Floriano Serra

A grande mudança
A outra face
Amar é para sempre
A menina do lago
Almas gêmeas
Marcado pelo passado
Ninguém tira o que é seu
Nunca é tarde
O mistério do reencontro
Quando menos se espera...

Gilvanize Balbino

De volta pra vida (pelo espírito Saul)
Horizonte das cotovias (pelo espírito Ferdinando)
O homem que viveu demais (pelo espírito Pedro)
O símbolo da vida (pelos espíritos Ferdinando e Bernard)
Salmos de redenção (pelo espírito Ferdinando)

Jeaney Calabria

Uma nova chance (pelo espírito Benedito)

Juliano Fagundes

Nos bastidores da alma (pelo espírito Célia)
O símbolo da felicidade (pelo espírito Aires)

Lucimara Gallicia

pelo espírito Moacyr

Ao encontro do destino

Márcio Fiorillo

pelo espírito Madalena

Lições do coração
Nas esquinas da vida

Maurício de Castro

A outra (pelos espíritos Hermes e Saulo)
Caminhos cruzados (pelo espírito Hermes)
O jogo da vida (pelo espírito Saulo)
Sangue do meu sangue (pelo espírito Hermes)

Meire Campezzi Marques
pelo espírito Thomas

A felicidade é uma escolha
Cada um é o que é
Na vida ninguém perde
Os desafios de uma suicida (pelo espírito Ellen)
Uma promessa além da vida

Rose Elizabeth Mello

Como esquecer
Desafiando o destino
Livres para recomeçar
Os amores de uma vida
Verdadeiros Laços

Sâmada Hesse
pelo espírito Margot

Revelando o passado
Katie: a revelação

Sérgio Chimatti
pelo espírito Anele

Os protegidos
Um amor de quatro patas

Thiago Trindade
pelo espírito Joaquim

As portas do tempo
Com os olhos da alma
Maria do Rosário
Samsara: a saga de Mahara

Conheça mais sobre espiritualidade com outros sucessos.

VIDA & CONSCIÊNCIA
EDITORA

Rua das Oiticicas, 75 – SP
55 11 2613-4777

contato@vidaeconsciencia.com.br
www.vidaeconsciencia.com.br